城市轨道交通运营管理

主　编　杨　涛　朱丽君
副主编　陈　健　罗　辉
　　　　梁　柯　杨　晨

北京理工大学出版社
BEIJING INSTITUTE OF TECHNOLOGY PRESS

内容提要

本书共分为7个模块，主要内容包括运营管理——安全便捷、服务城市，安全管理——有备无患、应急有方，票务管理——严谨细致、高效联动，客运管理——组织有序、用心服务，行车组织——准点运行、保障有力，城轨经济——惠民利民、助力发展，智慧地铁——AI赋能、智慧出行。

本书可作为高等院校、高职院校城轨机电专业、城轨通信专业、城轨车辆技术专业等相关课程的教材，也可作为高等院校、高职院校其他相关专业学生的选修教材，还可作为企业培训人员、电控设备安装与维修人员，以及工厂技术员的学习用书。

版权专有　侵权必究

图书在版编目（CIP）数据

城市轨道交通运营管理 / 杨涛，朱丽君主编. -- 北京：北京理工大学出版社，2024.1
ISBN 978-7-5763-3475-3

Ⅰ.①城… Ⅱ.①杨… ②朱… Ⅲ.①城市铁路—交通运输管理—教材 Ⅳ.①U239.5

中国国家版本馆CIP数据核字（2024）第035780号

责任编辑／高雪梅		**文案编辑**／高雪梅	
责任校对／周瑞红		**责任印制**／李志强	

出版发行	／北京理工大学出版社有限责任公司
社　　址	／北京市丰台区四合庄路6号
邮　　编	／100070
电　　话	／（010）68914026（教材售后服务热线）
	（010）68944437（课件资源服务热线）
网　　址	／http://www.bitpress.com.cn
版 印 次	／2024年1月第1版第1次印刷
印　　刷	／河北鑫彩博图印刷有限公司
开　　本	／787 mm×1092 mm　1/16
印　　张	／11
字　　数	／266千字
定　　价	／84.00元

图书出现印装质量问题，请拨打售后服务热线，负责调换

前　言

　　随着城市化的快速发展和人口的不断聚集，城市轨道交通作为现代城市的重要交通方式，其运营管理日益成为城市发展中不可或缺的一环。在这样一个时代背景下，本书的出版，旨在为广大读者提供全面、系统、深入的轨道交通运营管理知识和实践指导。在本书编写过程中，编者深感职业教育在当今社会的重要性。职业教育是国家教育事业的重要组成部分，是培养高素质技术技能人才的重要途径。党的二十大报告中关于职业教育的阐述，为我们指明了职业教育的发展方向，也为我们编写这本教材提供了重要的指导思想。本书着眼于城市轨道交通运营管理的全面认知，深入剖析了各个模块下的任务与知识点，以帮助读者全面了解和掌握我国城市轨道交通领域的重要概念、运营现状、安全管理、票务管理、客运管理、行车组织，以及经济发展模式等方面的知识。

　　在模块1中，本书深入研究了运营管理的重要性，围绕我国城市轨道交通运营现状进行认知，探讨了不同城市轨道交通运营的特点，并通过案例分析展示了部分城市轨道交通网络化运营的实际情况。同时，本书详细介绍了城市轨道交通运营管理的内容、特性以及不同运营模式，为读者提供了深刻的认知。

　　在模块2中，本书首先聚焦安全管理，强调城市轨道交通安全的重要性和特征。通过探索安全管理的影响因素、方针与手段，帮助读者建立了城市轨道交通安全管理的全面认知，并区分了事故标准和预警事故级别。最后，本书介绍了城市轨道交通运营安全保障系统的特征和组成，使读者更好地了解安全保障系统的运作。

在模块3中，本书讲解了票务管理的相关知识，通过认知城市轨道交通售检票系统的发展、组成和主要业务流程，使读者深入了解票务管理的要点。同时，介绍了相关的国家文件和地方规定，以确保在实际运营中严格遵守管理规章。

在模块4中，本书着眼于客运管理，详细阐述了城市轨道交通客运组织的概念、特点与内容，并介绍了客运组织的架构。同时，进一步让读者认知城市轨道交通客运服务的基本要求、服务的质量与评价，以确保客运服务的高效运作。

在模块5中，本书探讨了行车组织，认知城市轨道交通行车组织的概念、必要性、主要内容、特点和要求。深入探讨列车运行组织，包括运行计划的确定、运行图编制、运行调度指挥和组织方式的确定。同时，介绍了行车组织的相关岗位，使读者了解不同岗位的职责。

在模块6中，本书关注城轨经济，使读者认识城市轨道交通经济的重要性，并探索不同的经济发展模式和经济效应。

在模块7中，本书引领读者走进智慧地铁，深入了解智慧车站的构架、功能以及智慧运维的认知，以迎接智慧时代的挑战。

本书由贵州交通职业技术学院轨道交通工程系主任杨涛担任主编并负责全书框架和编写思路的设计工作，贵州交通职业技术学院轨道交通工程系朱丽君担任第二主编并负责全书编写管理工作及全书的通稿工作；贵阳市城市轨道交通运营有限公司党委委员、副总经理陈健，贵州交通职业技术学院轨道交通工程系罗辉、梁柯，贵州工商职业学院数字经济学院杨晨担任副主编。具体编写分工如下：模块1由杨涛、罗辉编写；模块2、模块3由陈健、杨晨编写；模块4、模块5由陈健、梁柯编写；模块6、模块7由朱丽君编写。

由于编者水平及时间有限，书中难免存在不足之处，敬请广大读者批评指正。

编　者

目　录

模块1　运营管理——安全便捷、服务城市 ································· 001

　任务1.1　城市轨道交通运营现状认知 ····································· 002

　　知识点一　我国城市轨道交通运营现状 ································· 002

　　知识点二　我国城市轨道交通运营特点 ································· 005

　　知识点三　我国部分城市轨道交通网络化运营案例 ····················· 006

　任务1.2　城市轨道交通运营管理内容认知 ································· 019

　　知识点一　城市轨道交通运营管理内容及内涵 ························· 019

　　知识点二　城市轨道交通运营管理特性 ································· 021

　任务1.3　城市轨道交通运营管理模式认知 ································· 026

　　知识点一　公办公营模式 ··· 026

　　知识点二　公办民营模式 ··· 027

　　知识点三　公私合营模式 ··· 027

　　知识点四　私办私营模式 ··· 028

模块2　安全管理——有备无患、应急有方 ································· 031

　任务2.1　如何做好城市轨道交通安全宣传工作 ··························· 032

　　知识点一　城市轨道交通安全的重要性 ································· 032

　　知识点二　城市轨道交通安全的特征 ··································· 034

任务2.2　开展城市轨道交通事故原因分析 ·· 038
　　知识点　探索城市轨道交通安全管理的影响因素 ··· 038

任务2.3　认知城市轨道交通安全科普宣传的重要性 ·· 044
　　知识点一　城市轨道交通安全管理的方针 ··· 044
　　知识点二　城市轨道交通安全管理的手段 ··· 045

任务2.4　城市轨道交通安全事故报告的组成认知 ·· 050
　　知识点一　城市轨道交通事故的分类 ·· 050
　　知识点二　城市轨道交通事故的等级划分 ··· 054
　　知识点三　城市轨道交通事故的预警级别 ··· 055

任务2.5　探索信息化技术如何保障城市轨道交通运营管理安全 ·································· 058
　　知识点一　城市轨道交通运营安全保障系统的特征 ·· 058
　　知识点二　城市轨道交通运营安全保障系统的组成 ·· 059

模块3　票务管理——严谨细致、高效联动　　064

任务3.1　了解城市轨道交通售检票系统发展史 ··· 065
　　知识点一　城市轨道交通售检票系统概述 ··· 065
　　知识点二　城市轨道交通售检票系统的发展历程 ··· 066
　　知识点三　城市轨道交通售检票系统的组成 ··· 067
　　知识点四　城市轨道交通售检票系统的主要业务流程 ·· 068

任务3.2　学习城市轨道交通票务管理规章 ·· 072
　　知识点一　城市轨道交通票务管理国家相关文件 ··· 072
　　知识点二　天津市轨道交通票务管理规定 ··· 073

模块4　客运管理——组织有序、用心服务　　077

任务4.1　给你一座车站，你将如何开展轨道交通客运进行组织工作 ·························· 078
　　知识点一　城市轨道交通客运组织的概念及意义 ··· 078
　　知识点二　城市轨道交通客运组织的特点与内容 ··· 079
　　知识点三　城市轨道交通客运组织架构 ·· 084

目录

任务4.2　城市轨道交通客运服务认知 ·· 089

　　知识点一　认识城市轨道交通客运服务 ·· 089

　　知识点二　城市轨道交通客运服务的基本要求 ···································· 090

　　知识点三　服务的质量与评价 ·· 092

模块5　行车组织——准点运行、保障有力　099

任务5.1　认识城市轨道交通行车组织 ·· 100

　　知识点一　城市轨道交通行车组织的概念 ··· 100

　　知识点二　城市轨道交通行车组织的必要性 ······································ 102

　　知识点三　城市轨道交通行车组织工作的主要内容 ···························· 102

　　知识点四　城市轨道交通行车组织的特点 ··· 103

　　知识点五　城市轨道交通行车组织的要求 ··· 105

任务5.2　城市轨道交通列车运行组织探索 ··· 108

　　知识点一　列车运行计划确定 ··· 108

　　知识点二　列车运行图编制 ·· 111

　　知识点三　列车运行调度指挥 ··· 115

　　知识点四　列车运行组织方式的确定 ··· 116

任务5.3　探索调度员在城市轨道交通行车组织过程中的职责 ···················· 119

　　知识点一　行车组织的机构与职责 ·· 119

　　知识点二　行车调度 ··· 121

　　知识点三　城市轨道交通行车组织相关岗位——城轨列车司机 ············· 123

模块6　城轨经济——惠民利民、助力发展　127

任务6.1　探索乘客需求与轨道交通经济的关系 ······································· 128

　　知识点一　城市轨道交通经济的概念 ··· 128

　　知识点二　城市轨道交通经济的特征 ··· 128

任务6.2　探索如何策划地铁经济 ··· 141

　　知识点一　城市轨道交通经济对城市经济的影响 ······························· 141

知识点二　城市轨道交通经济发展模式 …………………………………… 142

　　知识点三　城市轨道交通经济发展的经济效应 ……………………………… 143

模块7　智慧地铁——AI赋能、智慧出行 …………………………………… 150

任务7.1　走进智慧车站 ……………………………………………………… 151

　　知识点一　智慧车站简介 ……………………………………………………… 151

　　知识点二　智慧车站架构 ……………………………………………………… 152

　　知识点三　智慧车站功能 ……………………………………………………… 153

任务7.2　调查智慧运维发展现状 …………………………………………… 161

　　知识点一　智慧运维系统简介 ………………………………………………… 161

　　知识点二　智慧运维系统发展 ………………………………………………… 162

　　知识点三　深圳城市轨道交通智慧运维系统建设 …………………………… 162

参考文献 …………………………………………………………………………… 168

模块 1

运营管理——安全便捷、服务城市

  模块介绍

城市轨道交通以其安全、快速、舒适、环保的优势,成为越来越多城市居民出行的首选交通工具,同时,城市轨道交通的开通运营,能够促进周边地产项目价值的提升,改变土地的利用性质,促进城市经济繁荣,带来显著的经济社会效益。运营管理作为城市轨道交通的重要组成部分,它不仅是反映城市轨道交通服务质量的一个重要因素,也是保证城市轨道交通运营企业竞争力的关键。

本模块分为三个任务,分别是我国城市轨道交通运营现状认知、城市轨道交通运营管理内容认知、城市轨道交通运营管理模式认知。旨在让学生了解我国城市轨道运营情况,掌握城市轨道交通的内容,并能区别城市轨道交通运营管理模式之间的区别。

任务 1.1　城市轨道交通运营现状认知

【任务导入】

引导问题一：你所在城市的轨道交通发展状况怎样？
引导问题二：我国第一条城市轨道交通线路出现在哪一座城市？
引导问题三：目前，我国哪一座城市轨道交通运营里程数最长？

【学习目标】

素质目标：
1. 坚持守正创新，增强对城市轨道交通事业的认同感和责任感。
2. 树立以人为本、服务社会的理念。
3. 提升职业道德和社会责任感。

知识目标：
1. 熟悉我国城市轨道交通线路建设、运营现状。
2. 了解城市轨道交通运营管理的特点。
3. 了解我国几大城市城轨运营概况及运营理念。

能力目标：
1. 能对城市轨道交通与常规公共交通的特点进行正确地分析和判断。
2. 具备可以分析城市轨道交通网络化运营优劣的能力。

【任务描述】

20世纪下半叶以来，由于我国城市快速的城市化和机动化，导致城市土地资源短缺，我国开始建设城市轨道交通，试阐述我国城市轨道交通几十年来的建设成果及运营情况。

【任务分析】

知识点一　我国城市轨道交通运营现状

据交通运输部微信发布数据显示，截至 2023 年 12 月 31 日，31 个省（自治区、直辖市）和新疆生产建设兵团共有 55 个城市开通运营城市轨道交通线路 306 条，运营里程 10 165.7 km，车站 5 897 座。2023 年，新增城市轨道交通运营线路 16 条，新增运营里程 581 km，新增红河和咸阳 2 个城市首次开通运营城市轨道交通。2023 年实际开行列车 3 759 万列次，完成客运量 294.4 亿人次，进站量 176.6 亿人次，客运周转量 2 418 亿人次公里。2023 年全年客运量较 2022 年增加 100.4 亿人次，增长 51.7%。2023 年城市轨道交通运营数据见表 1-1。

我国城市轨道交通运营管理

表 1-1　2023 年城市轨道交通运营数据

序号	城市	运营线路条数	运营里程/km	运营车站数/座	客运量/万人次	进站量/万人次	客运周转量/万人次公里	列车运行图兑现率/%	正点率/%
1	北京	27	836.0	398	345 159.5	190 062.7	3 297 625.7	99.99	99.99
2	上海	20	825.0	407	366 107.8	202 864.1	3 368 763.7	99.95	99.87
3	广州	18	641.5	282	307 296.8	165 384.7	2 534 462.1	100.00	99.99
4	成都	14	601.7	326	212 190.2	120 160.6	1 799 399.7	100.00	100.00
5	深圳	17	567.1	326	271 102.4	158 882.9	2 274 637.2	99.95	99.99
6	武汉	15	529.6	323	135 289.4	85 814.7	1 109 653.1	99.97	99.98
7	杭州	12	516.0	256	138 357.2	82 857.3	1 164 735.8	100.00	100.00
8	重庆	11	494.6	253	132 624.5	83 407.0	1 122 985.1	99.99	99.97
9	南京	14	459.4	217	100 574.6	60 553.3	523 668.2	100.00	99.98
10	青岛	8	326.3	162	47 192.5	33 139.4	495 255.8	99.93	99.98
11	天津	9	298.3	192	57 143.9	35 662.0	423 595.0	100.00	100.00
12	西安	9	294.0	184	128 794.0	83 686.2	1 021 238.6	100.00	99.97
13	郑州	10	277.7	166	58 320.8	36 563.8	459 471.6	100.00	99.98
14	沈阳	11	262.2	185	50 824.3	33 817.1	350 930.4	98.29	99.88
15	苏州	8	258.5	182	51 342.3	31 788.2	353 801.2	99.99	99.92
16	大连	6	237.1	100	24 215.7	17 901.5	249 242.8	99.99	99.97
17	长沙	7	209.1	130	94 176.2	50 361.6	547 256.5	100.00	99.99
18	合肥	5	197.0	154	41 095.5	27 030.8	262 198.3	100.00	99.99
19	宁波	6	186.0	127	36 733.0	20 968.2	213 453.2	99.99	100.00
20	昆明	6	165.9	103	29 204.6	21 063.9	272 914.2	100.00	99.99
21	福州	5	139.0	90	22 776.6	16 927.0	174 836.4	99.99	99.99
22	南昌	4	128.5	94	38 054.8	22 826.8	190 463.1	100.00	100.00
23	南宁	5	128.2	93	34 992.3	21 010.0	211 242.6	100.00	99.99
24	佛山	6	127.3	81	15 422.1	9 619.4	244 178.1	100.00	99.99
25	贵阳	3	116.9	82	13 346.4	10 429.1	111 035.1	100.00	99.98
26	长春	5	111.2	94	21 906.8	15 525.6	150 937.9	99.97	99.65
27	无锡	4	110.8	80	18 456.0	12 552.5	115 963.6	100.00	100.00
28	厦门	3	98.4	70	24 641.6	18 911.7	189 954.6	100.00	99.99
29	济南	3	84.1	41	9 620.9	6 904.9	97 232.4	100.00	99.96
30	哈尔滨	3	82.1	66	28 128.3	18 543.0	174 447.3	99.99	99.99
31	石家庄	3	74.3	60	17 316.1	12 005.2	99 466.3	100.00	99.98

续表

序号	城市	运营线路条数	运营里程/km	运营车站数/座	客运量/万人次	进站量/万人次	客运周转量/万人次公里	列车运行图兑现率/%	正点率/%
32	徐州	3	64.1	51	9 402.1	6 739.9	59 891.2	100.00	100.00
33	南通	2	58.8	43	2 115.0	2 096.8	23 506.4	100.00	100.00
34	绍兴	3	57.8	35	3 841.8	2 123.1	42 555.4	100.00	100.00
35	常州	2	54.0	43	7 311.5	6 004.4	45 698.0	100.00	99.99
36	温州	1	52.5	18	1 587.8	1 483.5	26 531.7	100.00	99.98
37	呼和浩特	2	49.0	43	6 772.9	5 482.2	38 353.5	100.00	100.00
38	芜湖	2	46.2	35	3 314.8	2 833.5	22 599.0	99.42	99.92
39	洛阳	2	43.5	33	5 715.9	4 313.6	35 101.2	100.00	99.99
40	昆山	2	43.0	29	3 678.4	1 586.9	21 943.1	100.00	99.99
41	东莞	1	37.8	15	4 533.9	4 533.9	57 613.0	100.00	99.98
42	兰州	2	33.5	27	10 563.6	9 670.8	82 942.9	100.00	99.98
43	乌鲁木齐	1	26.8	21	3 928.1	3 928.1	34 887.9	100.00	99.97
44	黄石	1	26.8	29	412.2	412.2		100.00	99.98
45	太原	1	23.3	22	4 382.4	4 382.4	29 256.2	100.00	99.99
46	淮安	1	20.1	23	734.0	734.0	7 340.0	99.98	100.00
47	句容	1	17.3	5	695.8	408.0	6 515.6	100.00	99.96
48	嘉兴	1	13.8	16	272.3	272.3	1 879.2	99.95	99.72
49	文山	1	13.4	10	50.1	49.5	462.4	100.00	100.00
50	红河	1	13.4	15	29.1	29.1	254.4	100.00	100.00
51	天水	1	12.9	12	95.5	95.5	754.8	100.00	99.99
52	咸阳	1	10.7	7	633.6	467.1	5 303.4	100.00	99.99
53	三亚	1	8.4	15	131.6	131.6	460.4	99.99	100.00

注：1. 本表按城市运营里程由大到小排序。运营线路条数中上海地铁11号线（昆山段）、广佛线和广州地铁7号线（佛山段）、宁句线（句容段）、苏州地铁11号线（昆山段）、西安地铁1号线（咸阳段）不重复计算。

2. 本表含北京、广州、成都、武汉、深圳、南京、青岛、苏州、沈阳、佛山、黄石、淮安、嘉兴、文山、红河、天水、三亚等城市有轨电车线路，不含大连201和202路、长春54和55路等与社会车辆完全混行的传统电车。

3. 珠海有轨电车1号线自2021年1月22日起暂停运营，以及海宁杭海线。未列入本表。

4. 运营车站数为线路或线网中投入运营的车站座数。其中换乘站按1座车站计。

知识点二 我国城市轨道交通运营特点

一、发展模式

城市轨道交通网络运营模式

我国城市轨道交通发展模式有四个类别：

第一类，城市具有建设和运营管理城市轨道交通的经验，在城市内已经形成了轨道交通网络，在未来发展规划中，在已有的线网基础上进一步加快城市轨道交通建设，如北京、上海、广州等。

第二类，具有建成一条或正在建设城市轨道交通的城市，开始进行第二条城市轨道交通建设，目前城市轨道交通网络规模不大，但在争取尽快形成城市轨道交通客运网络，如重庆、南京、长春等。

第三类，由于没有达到城市轨道交通的修建标准，正在开展城市轨道交通建设前期工作的城市，对于我国目前没有城市轨道交通的城市，基本属于这个类型。

第四类，比较特殊，针对的是在经济发达地区的城市群，正在酝酿建设城市间的轨道交通建设前期工作，如我国的长江三角洲地区。

二、技术特点

（1）具有较强的运输能力。城市轨道交通由于高密度运转，列车行车时间间隔短，行车速度高，列车编组辆数多而具有较强的运输能力。单向高峰每小时的运输能力最大可达到 6 万～8 万人次（市郊铁道）；地铁为 3 万～6 万人次，甚至达到 8 万人次；轻轨为 1 万～4 万人次，有轨电车能达到 1 万人次。城市轨道交通的运输能力远远超过公共汽车，据相关文献统计，地下铁道每千米线路年客运量可达 100 万人次以上，最高达到 1 200 万人次，如莫斯科地铁、东京地铁、北京地铁等。城市轨道交通能在短时间内输送较大的客流，据统计，地铁在早高峰时 1 h 内能通过全日客流的 17%～20%，3 h 内能通过全日客流的 31%。

（2）具有较高的准时性。城市轨道交通由于在专用行车道上运行，路权独享，不受其他交通工具的干扰，不产生线路堵塞现象，且不受气候影响，是全天候的交通工具，列车按运行图运行，具有可信赖的准时性。

（3）具有较高的速达性。与常规公共交通相比，车辆有较高的运行速度，有较高的启动、制动加速度，多数采用高站台，列车停站时间短，上下车迅速方便，而且换乘方便，从而可以使乘客较快地到达目的地，缩短了出行时间。

（4）具有较高的舒适性。与常规公共交通工具相比，城市轨道车辆具有较好的运行特性，车辆、车站等装有空调、引导装置、自动售票等直接为乘客服务的设备，具有较好的乘车条件，其舒适性优于公共电车、公共汽车。

（5）具有较高的安全性。城市轨道交通由于运行在专用轨道上，没有平交道口，不受其他交通工具干扰，并且有先进的通信信号设备，极少发生交通事故。

（6）能充分利用地下和地上空间。大城市地面拥挤、土地费用高。城市轨道交通由于充分利用了地下和地上空间的开发，不占用地面街道，能有效缓解由于汽车大量发展而造成的道路拥挤、堵塞，有利于城市空间的合理利用，提高了土地利用价值，并能改善城市景观。

（7）具有较低的运营费用。城市轨道交通由于主要采用电气牵引，而且轮轨摩擦阻力较小，与公共电车、公共汽车相比能节约能源，运营费用较低。

（8）绿色环保。城市轨道交通由于采用电气牵引，与公共汽车相比不产生废气污染。由于城市轨道交通的发展，还能减少公共汽车的数量，进一步减少了汽车的废气污染。由于在线路上和车辆上采用了各种降噪措施，一般不会对城市环境产生严重的噪声污染。

三、经济社会效益

城市轨道交通的外部效应巨大且主要是正外部效应，城市轨道交通能增加城市的社会经济福利，所以"修地铁"的热潮并未冷却。城市轨道交通在建设期投资大，费用高，由于其规模庞大，技术复杂，故消耗的人力、财力巨大，但其带来的社会经济效益极高。

从民众效益的角度看：节约时间、减少交通事故、增强安全性、提高劳动生产率、扩大就业。

从企业效益角度看：提供其他工种需求，一个轨道交通项目的启动将为相关的各企业带来巨大的推动力量，同时为沿线提供商机，积累科研发展经验。

从地区效益角度看：城市轨道交通可带来沿线房地产升值，同时节约城市用地，促进区域建设。

从环境保护角度看：城市轨道交通可以节约能源、降低污染。

【案例1-1】

贵阳城市轨道交通对房地产价值的影响

据贵阳多家房屋中介机构的数据显示，贵阳地铁一号线、二号线沿线二手楼盘的平均涨幅在10%左右，最高的超过30%，但所占比例不到10%，绝大部分地铁盘的涨幅在8%~15%。2021年4月28日，城市轨道交通2号线开通，线路连接了机场，以及城市的核心医疗文体资源，带动了人流在沿线商圈循环。

"人流到哪里，就把财富带到哪里，商场的销售状况明显提升。"观山湖区云上方舟购物中心副总经理余治平表示，地铁开通为当时发展疲软的商场集聚了大量人气，众多年轻消费者和其他城区板块的市民纷纷涌来。据不完全统计，地铁开通后，云上方舟购物中心人流增加了30%，销售量增加了10%以上。

目前，贵阳城市轨道交通有两条线路，一线串南北，一线串东西，助推商业格局加速裂变。毗邻2号线见龙洞站的砂之船奥特莱斯表现抢眼，砂之船集团总经理花旭深有感触地说："地铁2号线开通后，消费者前往商场的出行方式更加多元，现在砂之船日常人流量约2万人次，比地铁开通前增加了约2000人次。2021年5月以来，数字一直呈现递增趋势，销售额比2020年同期增长15%~20%，2021年销售额计划实现15亿元。"

截止到2022年2月，贵阳新房均价为10 047元/m²，但距离地铁沿线楼盘的美的林城时代南区美观苑2月均价为13 457元/m²，南湖国际公馆2月均价为13 000元/m²，万科麓山2月均价为13 000元/m²。

由此可见，城市轨道交通对周边经济，尤其是对周边房地产具有一定的带动能力。

知识点三　我国部分城市轨道交通网络化运营案例

一、网络化运营

1. 网络化运营的分类

当城市轨道交通规模发展到由若干条线路相互交错衔接，形成网状系统时的运营组织时，便称为轨道交通的网络化运营。根据其所提供的服务水平，可分为浅层次的网络化运营和深层次的网络化运营两种。

(1) 浅层次的网络化运营。浅层次的网络化运营是指线路在形态和规模上形成网状系统，但各条线路的运营列车只能在本线单独运行，网络功能主要通过乘客在换乘站的下车换乘实现。当前我国各城市轨道交通的网络化运营均属于此层次。

(2) 深层次的网络化运营。深层次的网络化运营强调的是由各条线路组成的运营线网间的互联互通和服务标准的提高，不仅能够实现运营列车在各条线路之间互联互通运行，还能实现车辆、信号等系统设备全

网络化运营概述

线网的互联互通；不仅能够行驶站站停的普通列车，还可行驶大站快车；为了减少乘客下车换乘次数及换乘站的换乘压力，还可开行"快速"和"直达"的跨线列车。故深层次的网络化运营也可称为互联互通的网络化运营。

2. 城市轨道交通网络化运营的特征

随着城市的发展及轨道交通网络的完善，城市轨道线路的通达性大大提高，加上固有的安全、准点、快捷等特点，使轨道交通运输的整体优势得到充分体现。

在城市轨道交通网络化运营中，根据开通运营的线路数量、线路总里程、客运量这些划分标准，确实反映出网络化运营的一些特征，但由于不同城市之间存在客观差异，需要从更综合的角度来衡量。一般网络化运营都具有区域覆盖、站点布局和公交分担率3个方面的特征。

【案例 1-2】

以重庆市轨道交通网络化运营为例

(1) 区域覆盖的特征。区域覆盖的特征表现在随着城市轨道线路的不断建设，开通线路里程达到了一定规模，初步形成网格状，并基本连通，覆盖城市的主要区域。

以重庆市轨道交通为例，重庆轨道交通1号线（红线）长46 km，采用地铁系统，东起朝天门（重庆市渝中区朝天门街道），经过九龙坡区、沙坪坝区，最终到达璧山区，自东向西横贯重庆都市中心区。而重庆轨道交通3号线（蓝线），南起重庆市巴南区鱼洞，北至重庆市渝北区江北国际机场，是连接重庆南北的重要通道（图1-1）。

(2) 站点布局的特征。站点布局的特征是指城市轨道站点布局可达性强，方便市民出行，特别是在城市核心区域和客流集中区域，覆盖面广，以1 km半径内能找到车站为宜。

重庆轨道交通1号线（红线）东西连通朝天门、大坪、石油路、石桥铺、沙坪坝、大学城等大型商圈，方便人们上班、购物、游玩，同时也加强沙坪坝与大学城两个学区的沟通。重庆轨道交通3号线连接重庆火车站、重庆北站两大火车站，连接鱼胡路、四公里、红旗河沟等汽车枢纽站和重庆唯一民用空港江北机场，是重庆与外地联系的重要通道；同时，五公里、四公里、南平、观音桥等站也是重庆比较重要的商业聚集地之一。可以说，3号线是现在重庆轨道交通线网中最繁忙的线路。

(3) 公交分担率的特征。重庆轨道交通网络化运营在规划建设期，往往以单条线路周边居民的需求为基础进行线路客流预测、开展线路设计与建设。实践表明，在网络化运营阶段，客流吸引的有效区域大大扩展，新开通的线路不断与既有线产生客流交互，使得每开通一条新线都会带来既有核心线路客流的大幅变化。这就是公交分担率的特征体现。在重庆轨道交通网络化建设中以未建成的轨道环线为例，环线起始于重庆西站，顺时针连接上桥、凤鸣山、天星桥、沙坪坝、玉带山、南桥寺、冉家坝、重庆北站、五里店、弹子石、上新街、

四公里、海峡路、奥体中心、陈家坪、二郎等区域，最终回到重庆西站。通车后，环线连通一部分原来没有轨道交通的地区，同时与重庆轨道交通现有的4条线路相交，这不仅可以吸引大量没有轨道交通区域的乘客，还具有重要的连接功能。环线将成为线网中最重要的骨干线路，达到加强客流运输，减少出行时差等目的。

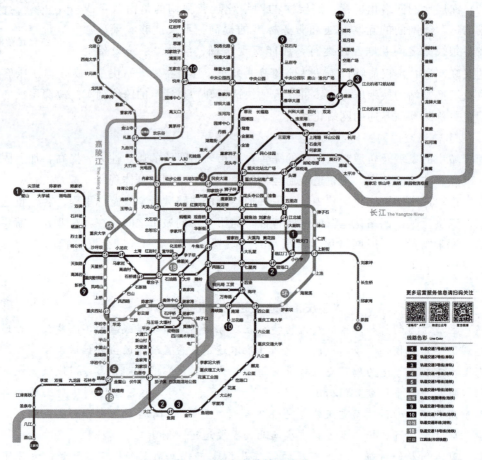

图1-1 重庆市地铁线路图

二、我国部分城市轨道交通运营

1. 北京

北京地铁首条线路于1971年1月15日开通运营，是中国首个开通地铁的城市。截至2023年12月，北京地铁运营线路共有27条，运营里程836 km，车站共490座（其中换乘站83座），如图1-2所示。运营奉行6个运营理念，着力建造"六型"地铁。

突出安全可靠、长治久安，建设"平安型地铁"。

突出以人为本、提升服务，建设"人文型地铁"。

突出提高运力、增加运量，建设"高效型地铁"。

突出严控成本、低耗环保，建设"节约型地铁"。

突出网络优化、方便快捷，建设"便捷型地铁"。

突出科技创新、管理创新，建设"创新型地铁"。

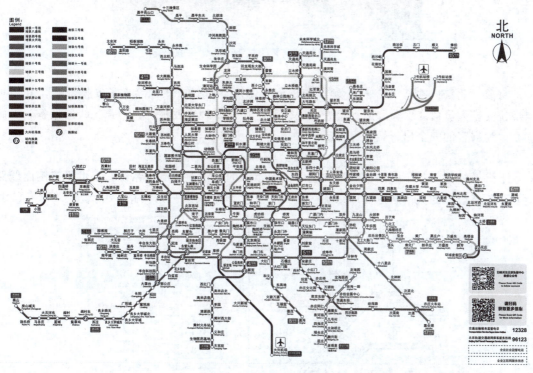

图 1-2　北京地铁线路图

【案例 1-3】
　　做好降雪天气下的运营保障工作，北京地铁多措并举全力保障乘客安全出行
　　为保障列车运行安全，北京地铁开启道岔融雪装置等相关设备，安排人员对线路进行巡视和添乘检查。为做好早高峰的运营保障，各地面、高架线路提前送电开行轨道车，运营中采用人工驾驶，要求乘务人员加强瞭望，确保行车安全；及时清理站前广场、出入口等处的积雪和雪水，及时设置防滑提示牌 3 800 块和铺设防滑垫 4 065 块（图 1-3）；同时，加强车站出入口、楼梯、通道等重点部位的客流疏导，并利用广播、官方微博、微信等多种方式向乘客宣传雪天安全出行提示，为乘客提供温馨的出行环境。为应对可能出现的降雪影响，北京地铁加大雪天重点部位排查整治和车辆设备设施检修维护工作。运营结束后，北京地铁再次对地面和高架线路、车辆段场等道岔融雪装置和相关设备进行检查，确保设备运行良好。对地面和高架线路周边树木进行清理，避免积雪压弯树枝影响线路。还对地面和高架线路屋顶、声屏障、灯杆、通信天线、安全保护区护网护栏、围挡，以及车站出入口灯箱标识等设备设施加强巡视检查、加固。此外，北京地铁还密切关注客流变化，特别是关注火车站、机场周边线路车站客流情况，适时加开临客。

图 1-3 北京地铁降雪天气下的运营保障工作

目前，北京地铁已执行 24 h 领导带班值班制度，做好应急抢险人员安排部署，并在重点部位安排人员值守保障和巡视检查，确保及时快速处理突发情况，为强化线网设备、设施安全，为乘客的安全出行做好保障工作。

2. 上海

上海地铁是服务于中国上海市和上海大都市圈的城市轨道交通系统，是世界范围内线路运营总长度最长的城市轨道交通系统（图 1-4）。上海地铁第一条线路 1 号线于 1993 年 5 月

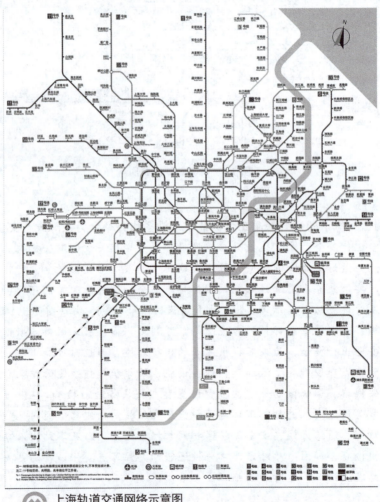

图 1-4 上海地铁线路图

28日正式运营,使上海成为中国内地第三座开通地铁的城市。截至2021年1月,上海地铁运营线路共19条(含磁浮线),共设车站459座(含磁浮线2座),运营里程共772 km(含磁浮线29 km),统计数据均不含金山铁路。截至2021年1月,上海地铁在建线路共有2条,分别为14号线和18号线一期剩余段,在建里程共97 km。根据规划,到2030年,上海市城市轨道交通线网总长度将约1 642 km,其中地铁线路1 055 km,市域铁路587 km,位居中国内地地铁运营总长度第一名。其运营理念为安全第一、服务至上、绩效卓越。

【案例1-4】

上海地铁"智能运维"提高检修精度与效率

上海地铁"家族"人丁兴旺,每天都在迎来送往,车辆的维护保养至关重要。据上海地铁披露,经过多年的研究实践,地铁车辆的"智能运维"系统正渐渐融入车辆检修模式中。这套系统可实现检修人员的经验"数据化",使巡检人员早发现、早处置问题,有效提升正线的故障处置能力。有"智能运维"在背后默默支持,上海轨道交通安全运营的"砝码"又增加了。

据上海地铁介绍,"智能运维"系统还能将列车实时监控的任务交给计算机负责。通过"智能运维"系统,可动态调整车辆检修任务,使设备检修更便捷、更迅速、更智能。借助"智能运维"系统,不但代替了大量的人工作业,还提高了车辆检修精度与检修效率。通过"智能运维"系统,检修人员可每日查看轨旁设备报警信息,根据图像分辨出真实故障后,再对报警位置实车排查,节省了人工现场检查全列车的流程,大大提升了日检作业的效率。如今,引进了这一监测"黑科技",还为列车检查的高效率打开了破局之道。它全天候"值守",数据反馈一目了然,为列车的安全运行加上了一把安全"防差错锁"(图1-5)。

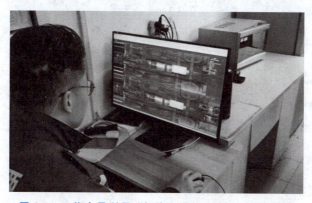

图1-5 工作人员利用"智能运维"系统进行列车全检

工作人员对每日的报警数据进行记录,逐一进行确认,确保列车各部件功能完好。期间,工作人员发现并处理过车顶避雷器损坏、车顶空调异物、车下箱体异物等状况。有一次,14号线日检班组借助"智能运维"系统进行列车全检,通过系统的预警机制发现了车底有异物,日检人员在车底确实发现挂着的白色塑料袋。

安装于上海地铁13号线川杨河基地的轨旁检测系统,已实现对车顶、车侧、车底的异物、关键部位等自动进行检测,并将所有检测结果及相关的数据、图片等上传到轨旁综合检测系统软件平台,并进行状态实时显示。通过该系统,实现了地铁车辆自动监测,为人工库内检修提供了辅助作用,通过高科技的运作,节省了大量人力配置。

3. 广州

广州地铁第一条线路地铁1号线于1997年6月28日正式开通运营，使广州成为中国内地第四座、广东省首座开通轨道交通的城市（图1-6）。截至2023年12月28日，广州地铁运营线路共16条，共设车站313座，换乘站45座，运营里程653 km，位列中国第三名。其以"建设好、运营好、经营好地铁，服务好城市，带动好产业"为宗旨，坚持"全程为你"的服务理念，精心组织运营，为乘客提供安全优质的交通运输服务，发挥一体化经营管理优势，以"一张网、一张票、一串城"的理念，持续提升轨道交通产业整体能级和技术创新能力。

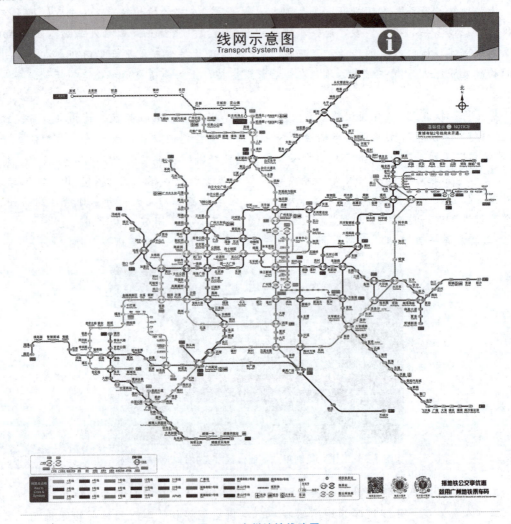

图1-6 广州地铁线路图

4. 深圳

深圳地铁是指服务于中国广东省深圳市的城市轨道交通，其第一条线路于2004年12月28日正式开通运营，使深圳为中国内地第八座开通轨道交通的城市。截至2020年12月31日，深圳地铁运营里程为422.6 km，位于中国内地第五名（图1-7）。深圳地铁秉承"从心出发，为爱到达"的服务理念，全力打造"舒适、安全、快捷"的地铁运营优质服务品牌。

运营管理——安全便捷、服务城市 模块1

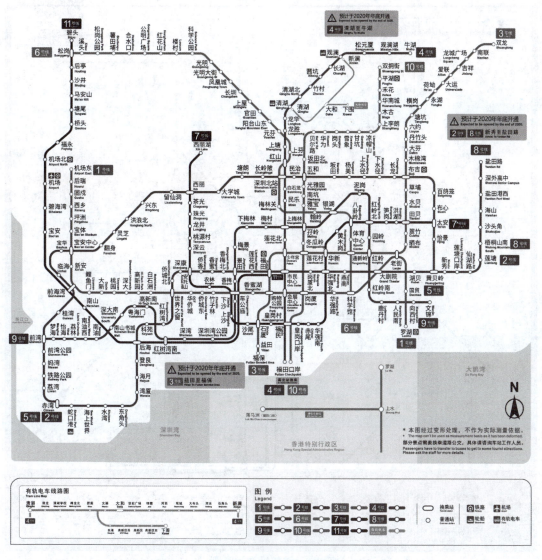

图 1-7 深圳地铁线路图

5. 成都

截至 2020 年 12 月，成都地铁共开通 12 条线路，线路总长度 518.96 km，均采用地铁系统，共计 332 座车站投入运营，46 座换乘站（图 1-8）。同时，成都是国内首个一次性开通 5 条地铁新线的城市，也是全国地铁运营里程最快突破 500 km 的城市。秉持真诚、服务大众，以客为尊、用心服务，全面构建安全、高效、舒适的城市轨道交通，让"成都地铁、生活一脉"完美呈现，让成都生活更加幸福，让市民出行更加便捷，让地铁运营更加安全。

【案例 1-5】

成都地铁的"科技＋"信息化智慧城轨建设

成都地铁以"科技＋"为核心，通过信息化智慧城轨建设，提高乘客出行效率及乘客体验，让广大市民出行更加便捷。2021 年 9 月 1 日，成都地铁智慧乘客服务平台正式上线（图 1-9）。

图 1-8　成都地铁线路图

图 1-9　成都地铁智慧乘客服务平台

成都地铁智慧乘客服务平台包含智慧安检、智慧票务、智慧测温3个子系统。其中，智慧安检系统由智慧检物、智慧检人、智慧监控、安检信息化等系统共同组成，通过AI判图、智能检测、智能告警等技术快速甄别、排查可疑风险，以技术手段全面提升检物、检人效率与准确度，从而在安检层面持续守护乘客出行安全、通行效率。智慧票务系统的最大亮点便是无接触式"无感乘车"系统，乘客出入闸机时，无须再掏出车票或手机停驻，也无须摘戴口罩，只要面向设备，待系统核验确认后直接过闸。即使在复杂光照、多人等场景下，也能精准完成，并避免伪造、照片等盗刷、代刷行为。无须摘戴口罩，便能实现"无感通行"过闸是智慧测温环节的亮点。同时，随着5G、云计算、人工智能、大数据等技术的进一步发展，更多的智能化场景即将解锁。目前研发的地铁运营智能化场景，"包括地铁智能视觉系统，即通过多算法的识别与GPU集群支撑系统，实现对场景中危险因素智能识别、自动告警，防止危险的发生；地铁美好出行系统，以AR导航为核心技术，为出行者提供最优的地铁出行方案，包括哪里下车、哪里进站、到哪里寻找美食等。"

6. 贵阳

贵阳地铁还处在起步阶段，截至2021年4月，贵阳轨道交通开通运营线路共有2条，即贵阳轨道交通1号线、贵阳轨道交通2号线，线路长度75.71 km，共有57座车站（图1-10）。目前，利用收益反哺轨道主业建设和运营，实现公司可持续健康发展。

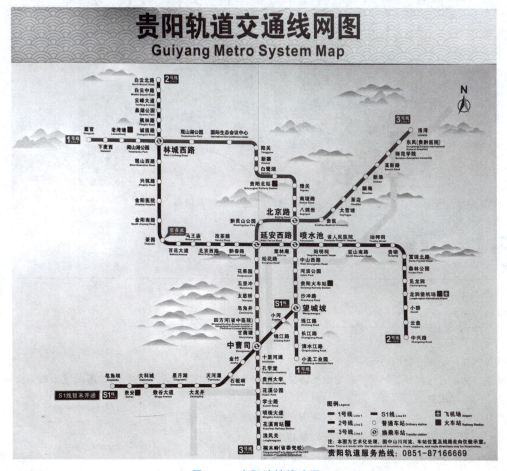

图1-10 贵阳地铁线路图

【案例1-6】

贵阳轨道交通开展防汛演练

为切实做好2022年汛期安全保障，贵阳市轨道集团认真贯彻落实中央、省、市有关决策部署，提前谋划地铁车站防汛工作，并以演练形式强化工作人员的防汛技能。

根据贵阳市历史最高水位，结合地铁车站地理位置与市政道路抬升高度，参考汛期专项风险查勘报告及防汛经验，运营分公司将地铁1、2号线各车站按照防汛风险不同等级进行划分，修订防汛专项预案，细化应急处置措施，强化专业应急联动，加强值班值守，落实各项防护措施，深入开展汛期实战演练，确保车站安全平稳运营。

近日，地铁1、2号线各车站开展防汛实战演练（图1-11），对防汛物资的种类、数量进行全面梳理，及时补齐、补足、补强相应的物资和设备设施，确保人人会使用、会处置。运营分公司相关部门组织现场员工学习相关应对措施，加强对极端天气的预警和防范应对，增强现场管控，提高巡视频率，持续开展隐患排查治理，不放松警惕、不麻痹大意，确保汛期生产运营工作平稳有序。

图1-11 贵阳轨道交通防汛演练

【任务实施】

1. 任务地点

校内实训室

2. 任务要求

任务名称：制作一份国内外某一座城市轨道交通情况介绍PPT。

任务目的：通过调研了解某一座城市轨道交通线路、里程等状况，从而进一步加深对城市轨道交通的理解。

任务内容：调查和汇总国内外某城市轨道交通的发展现状；

　　　　　介绍该城市轨道交通发展现状和特点；

　　　　　编写完成一份"城市轨道交通情况介绍PPT"

续表

3. 任务分组

本任务采用分组方式进行，4~6 人为一组，每个小组选出组长，负责本小组的组织协调工作，带头示范、督促、帮助其他组员完成相应工作

4. 任务步骤

（1）调查和汇总国内外某城市轨道交通的发展现状。

（2）介绍该城市轨道交通发展现状和特点。

（3）编写完成一份"城市轨道交通情况介绍 PPT"

5. 任务反思

（1）通过任务实施，学到的新知识点有哪些？

（2）通过任务实施，掌握的新技能点有哪些？

（3）你对自己在本次任务中的表现是否满意？写出课后反思。

（4）通过本次任务的交流，你了解了多少城市的轨道交通现状，对你认识城市轨道交通有什么帮助？

【任务评价】

序号	评价项目	评价内容	分值	学员互评（40%）	教师评价（60%）
1	专业能力（70分）	PPT内容完整性和合理性	10		
2		逻辑性和条理性	10		
3		数据与图表使用准确性	10		
4		文字表述是否准确、简洁、明了	10		
5		PPT设计格式与排版是否整洁、美观，易于阅读	10		
6		PPT的创新性与亮点	10		
7		能激发观众的兴趣和参与度	10		
8	职业素养（30分）	责任意识、工作态度端正	5		
9		团队合作意识、互相协作良好	10		
10		扎实严谨的工作作风	5		
11		精益求精的工匠精神	10		
得分			100		
姓名		学号	总得分	评价人	

【题目评价】

二维码能够链接精品课程平台，让学生在平台完成题库作业

【增值评价】

1.

2.

任务1.2 城市轨道交通运营管理内容认知

【任务导入】

引导问题一：根据你的经验，你认为城市轨道交通运营日常管理的内容有哪些？

引导问题二：你认为城市轨道交通相对于其他公共交通，其运营管理有什么特别之处？

【学习目标】

素质目标：
1. 增强对城市轨道交通事业的认同感和责任感。
2. 树立以人为本、服务社会的理念。
3. 形成创新精神和团队合作意识。
4. 提升职业道德和社会责任感。

知识目标：
1. 掌握城市轨道交通运营管理的基本内容。
2. 了解城市轨道交通运营管理特性。

能力目标：
1. 培养提升城市轨道交通运营管理决策的能力。
2. 提高城市轨道交通运营问题的分析判断能力。

【任务描述】

城市轨道交通是一个复杂的技术系统，在运输管理领域，有哪些具体负责的内容？城市轨道交通运营管理又具有哪些特性？

【任务分析】

🔹 **知识点一　城市轨道交通运营管理内容及内涵**

运营管理阶段是城市轨道交通工程建设中的最终阶段，是规划、建设阶段的最终体现，也是工程建设阶段终了的标志。

城市轨道交通运营管理内容及内涵

一、城市轨道交通运营管理内容

1. 行车管理

行车管理的主要内容包括运输计划的编制（包括客运计划与全日行车计划）、车辆配备计划、列车牵引计算、列车运行图的铺画、列车交路计划、运输能力计算、列车运行与行车调度等。

2. 站务管理

城市轨道交通站务管理的主要内容包括票务服务、安检服务、引导服务、候车服务等，需要密切注意车站乘客动态，发现危及行车和乘车安全的情况，及时与有关人员联系，进行处理。

3. 票务管理

票务管理的主要内容包括票制、票价的确定和自动售检票系统及其运用管理。

4. 车站设备管理

车站设备管理的主要内容包括车站服务设施系统、通信及信号系统、收费系统、供电系统、环控系统、通风及排烟系统、防灾系统、给水排水及消防系统、自动扶梯及电梯运载系统等设施。设备的操作运用和养护维修管理是城市轨道交通车站设备运营管理的重要内容。

二、城市轨道交通运营管理基本内涵

1. 城市轨道交通运营管理的基本理念是安全运营

我国是一个重视公共安全的国家，城市轨道交通安全运营主要影响因素有以下三点。

（1）运行线路、设备、设施必须能达到预订系统规模的运送能力，满足乘客出行需求，并能在最佳经济状态下运营。

（2）车辆是运送旅客的工具，车辆的运用应适合客流变化各阶段所发生的客流交通量的需要，并应考虑到扩大列车规模和列车编组的潜力。

（3）周密的运营计划是保证系统经济安全运行的基础。保障安全运行的条件有两点：一是充足的备用运营设备；二是训练有素的工作人员。

2. 规模适当的运营管理机构

城市轨道交通运营公司一般划分为行政管理部门、人事部门、经营与财务部门，以及运营部门等。图1-12所示为佛山地铁管理机构示意。

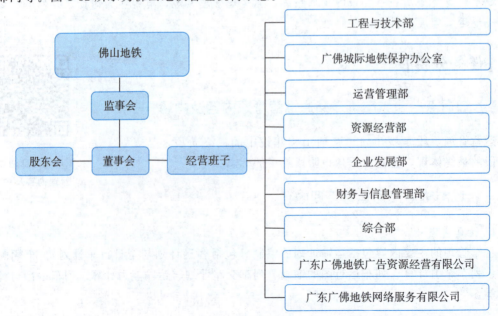

图 1-12　佛山地铁管理机构示意

运营部门主要负责城市轨道交通的运营，主要职责有6部分，分别如下：

（1）运营策划。策划部门负责综合资料统计，客流调查与统计分析，运营统计数据处理，乘客意见处理，运营公司与其他公交部门的协调联络，制订运营方案及行车时刻表，制订司机及乘务员服务守则，制订行车监督人员服务守则，制订车站管理人员及售票员服务守则，制订交叉道口服务手册，制订司机培训计划，实施旅客引导设施的管理与更新开发等。

（2）运营执行。负责中央控制室及车站的管理与监督，列车及司机的调度、管理与监督，监督人员的管理与监督，运营执行过程中发生的特殊情况的处理，运营故障及事故的调查。

（3）票务管理。负责售检票及自动售检票机的管理，票款结算统计，做好售票处业务变化的准备及处理。

（4）乘务管理。乘务管理主要是合理安排列车驾驶员、乘务员作息时间，制订值乘方案，分配人员，教育培训和安全监督。

（5）客运服务。对客流采取有效的分流或引导措施，组织客流运送全过程，并妥善接待处理乘客的投诉和建议。

（6）防灾报警及安全。负责灾害预防及抢救，防灾报警设施的维护与保养，运营安全的宣传教育，安全保安人员的管理。

知识点二　城市轨道交通运营管理特性

1. 系统的联动性

城市轨道交通运营管理特性

城市轨道交通由线路、车辆、车站三大基础设备和电气、运行和信号灯控制系统组成。为了使这个庞大的系统有机地、健康地运转，需要各个部门的配合，共同使这个系统合理、科学地运转。城市轨道交通运营往往牵一发而动全身，建设和运营城市轨道交通的目的是提供快速、安全、准时、舒适、便利的运输服务，使乘客能够便利地进站购票乘车、安全而舒适地旅行、快速而准确地到达目的地。为了保障城市轨道交通的安全运行，并且能为乘客提供优质服务，必须使三大系统同时正常、协调地运行。

2. 时空关联性

对于城市轨道交通而言，由于时间和其相对应的空间是轨道交通运营中不可存储的，一旦失去势必造成列车运行晚点，严重的还可能会发生事故，这是由于城市轨道交通具有时空关联性。具体来说，一旦运行的车辆、设备故障影响到列车的正常运行，必须立即处理，尽快恢复正常，确保列车运行。

【案例1-7】

据报道，某区域隧道内供水管道漏水，负责检修单位派人员在甲站登记后进入隧道，登记的检修区间为甲—乙站，时间为6：00—6：30，该员工在甲—乙区间内未发现漏水管道，出于责任心继续前往乙—丙区间检查，直到7：30才在丙站出隧道。结果造成早班列车晚点20 min。

时间和空间的概念是必备的基本概念，在地铁运营企业中十分重要。这就要求在城市轨道交通运营的工作人员在工作中应随时保持警惕，避免事故对列车的正常运营造成影响。

3. 调度指挥集中性

一条完整交路运行的现代城市轨道交通线路设有调度所，调度所一般设于线路适中车站附近（图 1-13）。信号系统（ATS）、供电系统（SCADA）、环控系统（FAS、BAS）、主机及显示屏均设于调度所内。通信系统及自动售检票（AFC）系统一般也设于此。

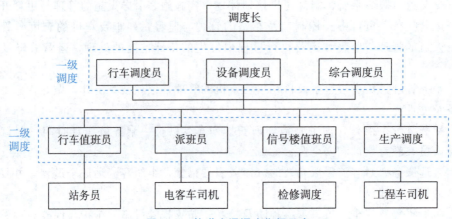

图 1-13 轨道交通调度指挥示意

列车运行时由行车调度员、电力调度员、环控调度员分别担任行车系统、供电系统及环控系统的调度指挥（图 1-14）。正常情况下，现代城市轨道交通设定的列车运行图、供电及环控模式自动控制信号、供电及环控系统正常运行，列车也在驾驶员的监护及必要的操作下正常行驶。运行的信息在显示屏上实时显示，调度员可随时监视、掌握列车及有关系统运行状况。调度员利用有线及无线通信系统随时与有关人员（列车驾驶员，行车、供电、环控、自动售检票等系统运行值班人员）通话了解有关情况。

图 1-14 贵阳城市轨道交通调度中心

4. 管理的严格性

随着社会的发展，城市轨道交通技术水平越来越高，智能化设备逐渐进入人们的通勤生活，在更加安全的基础上提高了运行的效率，但是，任何先进的设备永远不可能完全取代管理，对于城市轨道交通运营企业而言，技术管理的核心是规章制度，它是规范人员生产活动的行为准则。各岗位只有严格执行规章制度才能使规模庞大且技术复杂的系统有序、安全且高效运转。反之，系统运转就会受到阻碍，从而降低效率甚至发生事故造成严重后果。企业规章制度是具有层次的（图 1-15），第一层是具有"企业宪法"性质的"技术管理规范"（简称"技规"）。随着运营规模、运营技术、社会环境的发展，"技规"也应不定期地补充和定期修改。第二层是具有系统性规范性质的"行车组织规则""客运组织规则""调度规则"

"安全规则""事故处理规则",以及设备设施的"运行检修规则"等。第三层是各专业、各工种、各单项作业更为具体的、详细的、针对性和操作性更强的技术管理方面的制度、工艺、办法等,如"车站管理细则",各专业的具体规则、作业办法等。

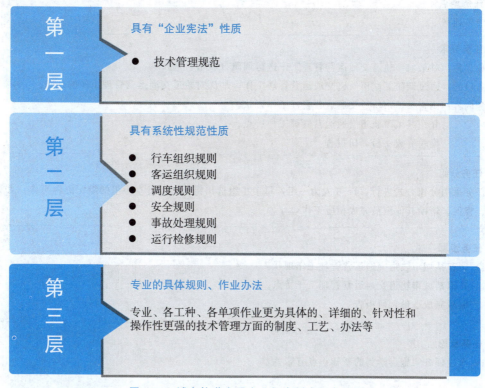

图 1-15 城市轨道交通企业规章制度层次架构

5. 服务的安全可靠性

乘客选择城市轨道交通的原因之一是出于对城市轨道交通安全的考量。对于企业而言,让乘客在从购票乘车到下车出站的全过程中都感到满意是企业的服务宗旨。城市轨道交通系统安全性工程层次架构如图 1-16 所示。

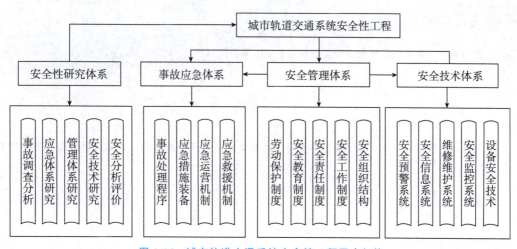

图 1-16 城市轨道交通系统安全性工程层次架构

【任务实施】

1. 任务地点 校内实训室
2. 任务要求 任务名称：对某城市轨道交通运营管理工作进行调研（城市自选）。 任务目的：通过调研某城市轨道交通运营管理工作，加深对轨道交通运营管理工作的认知。 任务内容：调查某城市轨道交通运营管理工作现状。 　　　　　介绍某城市轨道交通运营管理工作特点。 　　　　　编写完成一份调研报告
3. 任务分组 本任务采用分组方式进行，4～6人为一组，每个小组选出组长，负责本小组的组织协调工作，并带头示范、督促、帮助其他组员完成相应工作
4. 任务步骤 （1）调查某城市轨道交通运营管理工作现状。 （2）介绍某城市轨道交通运营管理工作特点。 （3）编写完成一份调研报告
5. 任务反思 （1）通过任务实施，学到的新知识点有哪些？   （2）通过任务实施，掌握的新技能点有哪些？   （3）你对自己在本次任务中的表现是否满意？写出课后反思。   （4）通过本次任务的交流，你了解了多少城市轨道交通运营管理的现状，对你认识城市轨道交通有什么帮助？

【任务评价】

序号	评价项目	评价内容	分值	学员互评（40%）	教师评价（60%）
1	专业能力（70分）	调研报告内容完整性和合理性	10		
2		逻辑性和条理性	20		
3		文字表述是否准确、简洁、明了	20		
4		PPT的创新性与亮点	20		
5	职业素养（30分）	责任意识、工作态度端正	5		
6		团队合作意识、互相协作良好	10		
7		扎实严谨的工作作风	5		
8		精益求精的工匠精神	10		
		得分	100		
姓名		学号		总得分	评价人

【题目评价】

二维码能够链接精品课程平台，让学生在平台完成题库作业

【增值评价】

1.

2.

任务1.3 城市轨道交通运营管理模式认知

【任务导入】

引导问题：你了解你所在城市的轨道交通采用什么运营模式吗？

城市轨道交通运营管理模式

【学习目标】

素质目标：
1. 提升城市轨道交通运营管理服务质量。
2. 树立以人为本、服务社会的理念。
3. 形成创新精神和团队合作意识。
4. 提升职业道德和社会责任感。

知识目标：
1. 掌握城市轨道交通运营管理模式的基本内容。
2. 了解城市轨道交通不同运营管理模式的特点。

能力目标：
能够分析城市轨道交通运营管理模式的优劣。

【任务描述】

纵观世界不同城市地铁的运营模式，可以按资产属性、企业性质分为公办公营模式、公办民营模式、公私合营模式和私办私营模式。那么每一种运营模式的具体内容是什么？

【任务分析】

知识点一　公办公营模式

公办公营模式可分为无竞争条件下的国有国营模式和有竞争条件下的国有国营模式两种类型。

1. 无竞争条件下的国有国营模式

无竞争条件下的国有国营模式的特点是线路为政府所有；一般由一家单位独家经营，或两家以上单位按行政区域划分经营范围。在此模式下，政府能对建设与运营同时管理，直接对轨道交通进行全面干预，从而保证了票价水平能在大多数人所承受的范围内，体现了轨道交通的公益性。然而，在这种无竞争条件下，采用国有国营模式的地铁运营效率低下，对政府的财政补贴依赖程度较高，政府负担比较重。这样的模式适用于客流量小，经济能力强大，着重体现公益性的城市，也可在轨道交通建设初期采用这种模式，体现政府的支持。纽约、北京、广州、柏林、巴黎都采用的此种模式，尤其以纽约地铁闻名，故城市轨道交通无竞争条件下的国有国营模式也被称作纽约模式。

2. 有竞争条件下的国有国营模式

有竞争条件下的国有国营模式的特点是轨道交通系统由政府出资修建，并委托国有企业运营。在同一个城市内的轨道交通运输企业通过招投标的方式获得新线的建设及经营权。地铁从运输税务系统得到补助金，但每年仍有亏损。税务系统资金的主要来源为燃料税。为弥补亏损，政府还不得不注入额外的资金发行债券弥补。地铁获得不动产和注册方面是免税的，也不用上缴所得税、城市建设税和增值税。这种模式在运营方面利用了私营企业重视利润的特点，在体现轨道交通公益性的同时带有计划性质的市场竞争，有助于地铁服务水平的提高。但是，在建设与后期管理方面政府干预过多，也存在效率低下的问题。此模式适用于有一定的客流量，可能通过一定的财政补贴实现盈利的城市。

最具代表性的为韩国首尔城市轨道交通系统，首尔轨道交通网络包括首尔地铁（原名汉城地铁）和首尔铁路系统两部分，分别由首尔地下铁公司（SMSC）、首尔快速轨道交通公司（SMART）和韩国国家铁路公司三家国有公司运营。三家公司依赖于政府，相互竞争。

知识点二　公办民营模式

公办民营模式可以划分为两个类别，公办半民营模式是一种特别的模式，以中国香港地铁为代表。公办半民营模式的特点是线路为政府所有，交由政府股份占主导地位的上市公司经营，政府作为地铁公司的担保，必要时要承担企业决策失误的责任。如香港地铁，香港地铁公司是上市公司，第一大股东为香港特区政府。香港特区政府为地铁公司提供担保，依靠法律手段规范市场主体的行为，但由于允许地铁公司自行制定票价，使市场票价与地铁增进公共福利的初衷不符。

公办民营模式下城市轨道交通的线路为政府所有，交由民间股份占主导地位的上市公司经营，最具代表性的城市是新加坡，地铁作为福利由政府承担建设费用；运营公司完全民营，第一大股东为私人投资公司；淡化了运营公司的职能，运营公司无线路的所有权，政府不干涉运营收入，不对运营开支进行补贴；由政府制定运营水平和规则，以此保证轨道交通的公共福利性质。此模式的优点在于把市场机制引入轨道交通的运营管理，实行市场化运作，降低了运营成本，使公司提高自身服务管理水平，实现市场盈利，降低了政府的财政压力。当然，建设与运营分开也会造成二者管理上不协调，不利于资源的最优配置。该模式适用于客流量大、市场化程度较高、市场环境和市场机制较好的城市，因为只有这样的城市才能给予运营公司盈利的空间，私营企业才能有足够的积极性。

知识点三　公私合营模式

提到城市轨道交通，不得不提到世界上最复杂、最发达的城市轨道交通系统——东京地铁。东京地铁采用的是公私合营模式，俗称PPP模式。此类的特点在于线路归政府和地方公共团体所共有，由政府和地方公共团体共同组织人员经营。这种公私合营的模式使公司在建设与经营的同时都要重视企业的盈利问题，轨道交通企业市场化运作，以降低成本增加收入为目标，不断提高自身的服务质量和管理水平，保障了公众能得到优质的运输服务。其中政府的参与也能保证轨道交通的福利性。不过此种模式下的轨道交通产业的产权难以分清，而且公司中的股份参差不一，在利益分配方面较为复杂，从而企业内部矛盾会比独资股权的企业多。这种模式适用于客流量很大、混合经济多，且能保证投资渠道通畅的城市。

知识点四　私办私营模式

在私办私营模式下，城市轨道交通线路由私人集团投资兴建、由私人集团经营，政府无权干涉私人集团。以曼谷地铁为代表，作为轨道交通的私人企业，既要有利益上的追求，又要有福利性的体现，在票价和路线安排上会有较多矛盾，政府没有任何权利去干涉私人企业的内部经营，所以轨道交通的公共福利性难以得到保证。同时没有政府的支持，私营企业无法利用多元化融资的优势，其单一融资的抗风险能力小，财政高压使私企难以生存。当然这种私办私营的模式也不是完全没有好处，至少政府完全无风险和财政压力，这在客流量大，而政府资金无法满足轨道交通建设的地方是可以适用的，而且私营也可以充分激发投资者严格控制建设和运营成本。

【任务实施】

1. 任务地点
校内实训室

2. 任务要求
任务名称：收集资料，完成一份关于国内外某城市轨道交通企业运营模式分析报告。
任务目的：通过调研了解某城市轨道交通企业运营模式。
任务内容：调查某城市轨道交通企业运营模式。
　　　　　通过对某城市轨道交通企业运营模式进行分析并总结其利弊。
　　　　　编写完成一份某城市轨道交通企业运营模式分析报告

3. 任务分组
本任务采用分组方式进行，4~6人为一组，每个小组选出组长，负责小组的组织协调工作，带头示范、督促、帮助其他组员完成相应工作

4. 任务步骤
（1）调研了解某城市轨道交通企业运营模式。
（2）通过对某城市轨道交通企业运营模式进行分析并总结其利弊。
（3）编写完成一份某城市轨道交通企业运营模式分析报告

5. 任务反思
（1）通过任务实施，学到的新知识点有哪些？

（2）通过任务实施，掌握的新知识点或技能点有哪些？

（3）你对自己在本次任务中的表现是否满意？写出课后反思。

（4）结合我国的特点，思考我国的城市轨道交通企业更适合哪一种运营模式？为什么？

【任务评价】

序号	评价项目	评价内容	分值	学员互评（40%）	教师评价（60%）
1	专业能力（70分）	了解城市轨道交通的背景	15		
2		了解该城市轨道交通的运营模式	15		
3		能分析运营模式	20		
4		提出合理化建议	20		
5	职业素养（30分）	责任意识、工作态度端正	5		
6		团队合作意识、互相协作良好	10		
7		扎实严谨的工作作风	5		
8		精益求精的工匠精神	10		
		得分	100		
姓名		学号		总得分		评价人	

【题目评价】

二维码能够链接精品课程平台，让学生在平台完成题库作业

【增值评价】

1.

2.

【补充材料】

不同的地铁运营模式有不同的适用性，见表1-2。

表 1-2　不同的地铁运营模式有不同的适用性

客流密度	条件	运营模式	适用城市＼地铁
0～1.5万人/（km·日）	无竞争条件下	公办公营的模式	纽约地铁、北京地铁、广州地铁、柏林地铁、巴黎地铁
1.5万～2.5万人/（km·日）	有竞争条件下	公办公营的模式、公私合营、公办半民营的模式	东京地铁、韩国首尔城市轨道交通系统
2.5万人/（km·日）以上		公办半民营、公办民营的模式	中国香港地铁
大于1万人/（km·日）	当政府独自承担建设费用，而不从运营收入抵扣时	公办民营的管理模式	新加坡地铁
1.7万人/（km·日）以上	在市郊铁路的条件下	私办私营的模式	曼谷地铁

城市轨道交通运营管理发展趋势

模块 2

安全管理——有备无患、应急有方

 模块介绍

　　安全管理的基本知识是城市轨道交通运营管理的理论基础和依据。作为城市的一种重要交通运输工具,城市轨道交通安全运营显得非常重要,一旦发生意外事故,容易造成人员伤亡和财产损失。"安全第一、预防为主"是城市轨道交通运营安全管理的基本方针。"安全第一"就是要求在轨道交通运营管理过程中,坚持将安全运营作为第一要务和保证条件,"预防为主"就是要以积极的态度,在思想上高度重视,在制度上健全落实,在技术上积极创新,从而把事故消灭在萌芽状态,做到防患于未然。

任务 2.1　如何做好城市轨道交通安全宣传工作

【任务导入】

城市轨道交通最重要的任务就是将旅客安全、及时地运送到目的地。城市轨道交通车站和隧道处在相对封闭的空间内，人和设备高度密集，在这种特殊的环境中，一旦发生事故，其危害将是极其严重的，造成的后果不可估量。

【学习目标】

素质目标：
1. 增强安全意识，培养较强的责任意识和职业责任感。
2. 培养主人翁意识，发挥职业精神。

知识目标：
1. 认识城市轨道交通安全的重要性。
2. 了解城市轨道交通安全的特征。

能力目标：
1. 能够具备较强的安全意识，做到防微杜渐。
2. 能够根据城市轨道交通安全的特征，做出正确的判断。

城市轨道交通安全
管理基础知识

【任务描述】

随着城市建设发展速度逐渐加快，发展规模逐渐扩大，城市轨道交通作为城市交通的重要组成部分，在保证城市交通正常运行及城市经济发展建设中，轨道交通安全尤其重要。

【任务分析】

知识点一　城市轨道交通安全的重要性

表 2-1 为国外 2000—2020 年部分城市轨道交通运营安全事故统计，表 2-2 列出了国内 2010—2020 年部分城市轨道交通运营事故统计。表中的数字触目惊心，为我们敲响了警钟，让我们时刻牢记"安全第一，预防为主"的城市轨道交通安全管理原则。

表 2-1　国外 2000—2020 年部分城市轨道交通运营安全事故一览表

事故类型	事故发生时间	事故发生地点	事故产生原因及后果
火灾事故	2012 年	韩国釜山	供电线起火，40 人受伤
	2015 年	美国华盛顿	一辆地铁车厢起火并冒出浓烟，造成 1 人死亡，多人受伤

续表

事故类型	事故发生时间	事故发生地点	事故产生原因及后果
恐怖袭击	2010 年	俄罗斯莫斯科	炸弹爆炸，死 40 人，伤 80 人
	2011 年	白俄罗斯	炸弹爆炸，死 15 人，伤 200 人
列车相撞	2012 年	巴西圣保罗	地铁列车相撞，伤 40 余人
列车脱轨	2000 年	日本东京	列车发生意外脱轨，死 3 人，伤 44 人
	2000 年	美国纽约	列车发生意外出轨，伤 89 人
	2003 年	英国伦敦	地铁列车出轨，伤 32 人
	2003 年	澳大利亚悉尼	地铁列车出轨，死 8 人
	2003 年	英国伦敦	地铁列车出轨，伤 32 人
	2005 年	日本东京	地铁列车脱轨，死 91 人，伤 456 人
	2009 年	印度新德里	列车出轨，运营中断
	2010 年	美国华盛顿	地铁列车出轨，伤 3 人
	2014 年	美国芝加哥	列车脱轨 32 人受伤
	2014 年	美国纽约	列车脱轨 19 人受伤
	2014 年	俄罗斯莫斯科	列车脱轨 23 人死亡，200 人受伤

表 2-2　国内 2010—2020 年城市轨道交通运营安全事故一览表

事故发生时间	事故发生地点	事故产生原因及后果
2011 年 8 月	南京	车厢外突然冒火花，车厢里也冒出浓烟，第三和第四节车厢上下错位近 0.5 m
2011 年 9 月	上海	地铁 10 号线追尾事故
2014 年 4 月	沈阳	地铁 1 号线一辆列车发生不明原因骚动全线延误
2014 年 11 月	北京	地铁 5 号线惠新西街南口站，一女子被夹在安全门和地铁门中间，车辆开走导致悲剧发生。女子送医后抢救无效死亡
2015 年 4 月	深圳	一女乘客因没吃早餐低血糖晕倒，引发乘客奔逃踩踏，造成 12 名伤者被急救送医

城市轨道交通系统发生安全事故的危害性主要表现在以下几方面：

（1）救援难度大。城市轨道交通系统大部分是在地下隧道运行，运行空间狭窄，发生事故后，救援队伍和救援工具进出受限，容易耽误救援时机，救援难度大。

（2）疏散难度大。城市轨道交通地下空间人员疏散困难，乘客在紧急情况下容易惊慌失措，相互拥挤造成踩踏事件。

（3）烟气不易扩散。如果发生火灾，则产生的烟气不易扩散，在城市轨道交通相对封闭的空间弥漫，容易造成人员窒息死亡。

知识点二　城市轨道交通安全的特征

城市轨道交通是城市公共客运交通的重要组成部分，作为城市交通的主动脉，承担城市公共交通的主骨架作用。根据安全的特性，城市轨道交通安全的主要特征如下：

（1）全线性。由于城市轨道交通列车具有依赖于单一轨道连续运行的特点，一旦在运行线路上发生严重事件或灾害，会造成整条线路的运营中断，甚至可能影响其他线路的正常运行，而且在一段时间内难以恢复。

（2）连带性。城市轨道交通的客流量大，而客流在一定时间内局限于有限的封闭区域内，一旦发生突发事件及灾害，除乘客有可能受到直接伤害外，还极易造成其他各类次生、衍生或耦合伤害。

（3）局限性。当城市轨道交通发生重大突发事件、灾害，在实施救援时，由于事发地点空间的限制给救援工作带来难度。救援工作延续时间越长，灾害的影响程度就越大。

（4）群体性。在城市轨道交通车站、隧道、商场区域，单位面积人数多，在发生突发事件、灾害时，极易造成群死群伤事件，社会影响大。

【案例 2-1】

郑州地铁 5 号线"7·20 事件"

2021 年 7 月 20 日，郑州持续遭遇极端特大暴雨，致地铁 5 号线五龙口停车场及其周边区域发生严重积水现象。18 时许，积水冲垮出入场线挡水墙进入正线区间，导致 5 号线一列列车被洪水围困（图 2-1 和图 2-2）。经全力施救，还是有 12 名乘客不幸遇难。

图 2-1　郑州地铁暴雨乘客被困车厢

图 2-2 郑州地铁暴雨乘客事件

河南省委省政府、郑州市委市政府立即成立工作专班，全力组织开展搜救排查、抢险排水，分别于 2021 年 7 月 24 日下午 2：00、7 月 25 日上午 6：30 分左右，又发现 2 名遇难者。

据郑州市防汛抗旱指挥部消息，在郑州地铁 5 号线"7·20 事件"中，有 14 人不幸遇难。

2022 年 1 月 21 日，郑州地铁 5 号线"7·20 事件"被认定为责任事件。

事件反思：2021 年 7 月 30 日，交通运输部召开全国城市轨道交通运营安全视频会议。部长李小鹏指出，要深刻汲取郑州地铁 5 号线海水倒灌事件教训，坚决抓好城市轨道交通运营安全各项工作，让党中央放心、让人民群众放心。当前，各地交通运输主管部门和运营单位要突出重点，抓住薄弱环节，全面摸排防洪、防汛、防台风风险隐患，与气象部门密切协调联动。出现极端天气、发生紧急情况危及人民群众生命安全的，运营单位要按照规定立即停止相关区段或全线网运营，该关闭的关闭、该停运的停运。安全评估没有通过之前，不能恢复运营；安全隐患没有清除之前，不能恢复运营；安全没有得到保障之前，不能恢复运营，严防次生事故发生。

【任务实施】

1. 任务地点
校内实训室

2. 任务要求
任务名称：编制一份贵阳市城市轨道交通安全宣传页。
任务目的：通过调研、查阅文献查找城市轨道交通安全宣传资料。
　　　　　通过对城市轨道交通安全宣传资料的总结，编制城市轨道交通安全宣传页。
任务内容：调研、查阅文献查找城市轨道交通安全宣传资料；
　　　　　对城市轨道交通安全宣传资料进行汇总，分析制定适合贵阳市的安全宣传方案；
　　　　　编写完成一份贵阳市城市轨道交通安全宣传页

3. 任务分组
本任务采用分组方式进行，4～6 人为一组，每个小组选出组长，负责本小组的组织协调工作，带头示范、督促、帮助其他组员完成相应工作

续表

4. 任务步骤

(1) 通过调研、查阅文献查找城市轨道交通安全宣传资料。

(2) 对城市轨道交通安全宣传资料进行汇总，分析制定适合贵阳市的安全宣传方案。

(3) 编写完成一份贵阳市城市轨道交通安全宣传页

5. 任务反思

(1) 通过任务实施，学到的新知识点有哪些？

(2) 通过任务实施，掌握的新知识或技能点有哪些？

(3) 你对自己在本次任务中的表现是否满意？写出课后反思。

(4) 通过编制贵阳市城市轨道交通安全宣传页，你认为还有哪些方法可以进行交通安全宣传？

【任务评价】

序号	评价项目	评价内容	分值	学员互评（40%）	教师评价（60%）
1	专业能力（70分）	掌握贵阳轨道交通的背景	15		
2		认识本次城市轨道交通安全宣传目标	15		
3		了解宣传页的受众群体	10		
4		宣传页宣传效果评价	30		
5	职业素养（30分）	团队合作意识，互相协作良好	10		
6		精益求精的工匠精神	10		
7		有强烈的安全责任意识	10		
		得分	100		
姓名		学号	总得分	评价人	

【题目评价】

二维码能够链接精品课程平台，让学生在平台完成题库作业

【增值评价】

1.

2.

任务 2.2 开展城市轨道交通事故原因分析

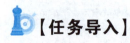【任务导入】

城市轨道交通安全对城市轨道交通运营非常重要，你知道城市轨道交通安全的影响因素有哪些吗？

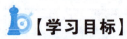【学习目标】

素质目标：
培养用普遍联系的、全面系统的、发展变化的观点观察事物的能力。

知识目标：
认识城市轨道交通安全的影响因素。

能力目标：
能够正确区分轨道交通安全的影响因素。

【任务描述】

城市轨道交通系统运营安全取决于人员、设备、环境和管理四大要素。安全管理需要运用各种有效的组织管理手段，采取各种必要的安全技术措施，调动一切积极因素，形成强大的安全保障体系。

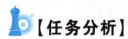【任务分析】

知识点 探索城市轨道交通安全管理的影响因素

城市轨道交通系统运营安全取决于人员、设备、环境和管理四大要素。人员的安全技术和素质、设备的质量和安全性能、环境（内部、外部）状况，以及管理水平都独立和综合地影响着系统的安全。安全管理担负着监督人、机、环境的动态变化，调节和控制人、机、环境的状态，保证系统安全运行的连续和有序的责任。因此，安全管理需要运用各种有效的组织管理手段，采取各种必要的安全技术措施，调动一切积极因素，形成强大的安全保障体系。

城市轨道交通安全的影响因素

一、人的影响因素分析

人的不安全行为是造成城市轨道交通事故的重要因素。在运营工作的每个环节、每项作业中，都是由人来参与并处于主导地位的，人操纵、控制、监督各项设备完成各项作业，与环境进行信息交流，与其他作业协调一致。正是由于人在运营工作中的重要地位，才使得人的因素在运营安全中起着关键作用。

1. 影响运营安全的人员分类

（1）运营系统内人员。运营系统内人员主要是指城市轨道交通运营企业各部门的各级领导人员、专职管理人员和基层作业人员，他们是保证运营安全最关键的人员。

（2）运营系统外人员。运营系统外人员主要是指城市轨道交通运营系统以外的交通参与者，主要指旅客。

2. 人员的不安全行为分析

（1）运营系统内人员。系统内部人员的不安全行为的主要表现有操作错误，忽视安全提示；造成安全装置失效；使用不安全设备；以手代替工具操作；物体存放不当；冒险进入危险场所；攀、坐不安全位置；注意力不集中；穿着不利于安全；对必须使用的个人防护用品或用具忽视使用或使用不当；对易燃、易爆物品处理错误等。

（2）运营系统外人员。系统外人员（乘客等）的不安全行为主要表现为携带超长、超宽、超高、笨重物品进站；携带易燃、易爆危险品进站；人员奔跑打闹；乘客在门即将关闭时抢上抢下；人员吸烟；人员倚靠、手摸车门；人员无故打开列车车门；人员无故按压站台紧急停车按钮；人员无故按压电梯紧停按钮等。

二、设备的影响因素分析

城市轨道交通系统设备包括车辆系统、通信信号系统、供电系统、线路系统、通风与空调系统、给水排水与消防系统、综合自动化系统、电扶梯、站台门及自动售检票设备等（图 2-3～图 2-7），这些设备在运营过程中都存在一定的风险。对于设备因素，可从具体设备和总体设备两方面分析。具体设备应从其可靠性、先进性、操作性和维修方便性等方面衡量其设计的安全性，从运行时间、故障及维修保养方面确定其使用的安全性。总体设备则从设备的布局、配合性、作业能力和固定资产含量等方面分析设备的总体安全性。

图 2-3 城市轨道交通信号系统

图 2-4　通风与空调系统

图 2-5　安检系统

图 2-6　自动售检票系统

图 2-7　站台门系统

三、环境的影响因素分析

对于环境因素，可从内部环境和外部环境分别进行分析。内部环境着重从作业环境（温度、湿度、照明、噪声和振动等）和内部社会环境进行分析；外部环境着重从自然环境（地理、气候、季节和自然灾害等）和外部社会环境（政治、经济、技术、社会治安、家庭、法律和管理等）进行分析。自然灾害如台风、水灾和地震等，都会对城市轨道交通运营安全构成极大威胁；外部社会环境，如社会治安（制造恐怖事件、故意破坏等）、人们的法律意识（安全守则的遵守、设备的爱护和正确使用等），在很大程度上也对城市轨道交通运营安全产生影响。

四、管理的影响因素分析

管理水平在一定程度上影响着系统的安全水平。管理是对人、设备、环境的综合控制和协调。如果管理存在缺陷，同样会导致事故的发生。按照社会可接受的安全水平，可将系统分为正常状态、近事故状态和事故状态。系统无论处于哪种状态，都可将系统状态的数据反馈给管理系统，管理系统便可通过管理改变系统行为，并产生不同程度的安全接受水平和系统状态。系统状态数据还可用于改进系统安全管理方法，从而得到更为安全的系统，由此可见管理的重要性。

城市轨道交通运营安全水平取决于人员、设备、环境和管理的安全化水平,其中,人是系统安全的核心,设备是系统安全的基础,环境是系统安全的外部条件,而管理是在一定技术经济和社会条件下系统安全的关键。

城市轨道交通运营安全的影响因素如图2-8所示。

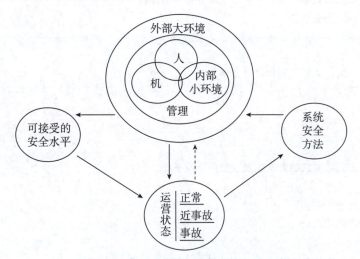

图2-8 城市轨道交通运营安全的影响因素

【任务实施】

1. 任务地点
校内实训室

2. 任务要求

任务名称:根据案例编写一份事故分析报告。

事故案例1:2021年5月27日,深圳地铁10号线一列车因车门紧急解锁被乘客擅自拉下导致延误。

事故案例2:2021年7月20日,郑州地铁5号线"7·20事件"。

事故案例3:2018年10月16日,"10·16"成都地铁持刀砍人事件。

三个事故案例选一个进行分析。

任务目的:通过查阅文献了解事故的全部过程。

　　　　　结合所学知识,从影响城市轨道交通安全的影响因素来分析事故原因。

　　　　　编写一份事故分析报告。

任务内容:查阅文献了解事故的全部过程。

　　　　　从影响城市轨道交通安全的影响因素来分析事故原因。

　　　　　编写一份事故分析报告

3. 任务分组

本任务采用分组方式进行,4~6人为一组,每个小组选出组长,负责本小组的组织协调工作,带头示范、督促、帮助其他组员完成相应工作。

续表

4. 任务步骤

(1) 查阅文献了解事故的全部过程。

(2) 从影响城市轨道交通安全的影响因素来分析事故原因。

(3) 编写一份事故分析报告

5. 任务反思

(1) 通过任务实施,学到的新知识点有哪些?

(2) 通过任务实施,掌握的新知识点或技能点有哪些?

(3) 你对自己在本次任务中的表现是否满意?写出课后反思

【任务评价】

序号	评价项目	评价内容	分值	学员互评（40%）	教师评价（60%）
1	专业能力（70分）	掌握事故的背景	15		
2		能对事故原因进行分析	20		
3		能正确进行责任认定	20		
4		能提供改进措施	15		
5	职业素养（30分）	团队合作意识,互相协作良好	10		
6		精益求精的工匠精神	5		
7		有强烈的安全责任意识	10		
8		扎实严谨的工作作风	5		
得分			100		
姓名		学号	总得分		评价人

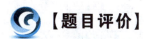

【题目评价】

二维码能够链接精品课程平台，让学生在平台完成题库作业

【增值评价】

1.

2.

【补充材料】

【案例 2-2】

"4·26"上海地铁 2 号线晚点事件

2021 年 4 月 26 日上午 11：05，轨道交通 2 号线一列开往浦东国际机场方向的列车在龙阳路站进站时，突遇人员翻越站台安全门进入线路，列车紧急制动。工作人员发现有人翻越站台后，就启动站台紧急停车装置并同步报告车站站长。民警快速至现场处置，并及时拨打 120、119。经 120 急救人员确认，翻越站台人员已死亡。2021 年 4 月 26 日 11：32，上海地铁更新消息表示，地铁 2 号线因人员进入线路，上海科技馆站至广兰路站区段列车限速运行，发车班次间隔延长，预计晚点时间 25 min 以上，欲前往浦东国际机场的乘客，在龙阳路站改乘磁浮线到达。请乘客们及时调整出行路径，以免耽误行程。2021 年 4 月 26 日 11：40，现场处置完毕，运营逐步恢复正常。

任务 2.3　认知城市轨道交通安全科普宣传的重要性

【任务导入】

由于城市轨道交通自身的特点,其安全性已越来越受到广大公众的密切关注。因此,及时有效地分析轨道交通运营安全及故障原因,制定相关对策及处理措施,对改善城市轨道交通运营的安全现状、预防事故和降低事故损失具有重要意义。

【学习目标】

素质目标:
培养用普遍联系的、全面系统的、发展变化的观点观察事物的能力。

知识目标:
1. 了解城市轨道交通安全管理的方针。
2. 了解城市轨道交通安全管理的手段。

能力目标:
1. 能够具备较强的安全意识,做到防微杜渐。
2. 能够运用城市轨道交通安全的手段,做出正确的判断。

【任务描述】

我国城市轨道交通运营安全管理的方针是"安全第一,预防为主",如何防止城市轨道交通安全事故的发生,降低城市轨道交通运营安全风险,需要采取什么方法才能有效预防呢?

【任务分析】

知识点一　城市轨道交通安全管理的方针

城市轨道交通安全管理方针与手段

"安全第一,预防为主"是我国城市轨道交通运营安全管理的方针(图 2-9)。"安全第一",要求运营企业在组织、指挥生产时,坚持把安全生产作为企业生存与发展的第一要素和保证条件;各级行政部门正职是安全生产的第一责任人,必须亲自抓安全工作,确保把安全工作列入本单位的议事日程。"预防为主"要求运营企业以主动积极的态度,从组织管理和技术措施上增强安全保障系统的整体功能,把事故遏制在萌芽状态,做到防患于未然。"安全第一,预防为主"是相辅相成、辩证统一的关系。只有重视安全,才能预防安全;只有做好预防工作,安全才能得以实现。

知识点二　城市轨道交通安全管理的手段

由于城市轨道交通自身的特点，其安全性已越来越受到广大公众的密切关注。因此，及时有效地分析轨道交通运营安全及故障原因，制定相关对策及处理措施，对改善城市轨道交通运营的安全现状、预防事故和降低事故损失具有重要意义。对于城市轨道交通来说，其安全管理的手段主要有防、治、控、救。其中，防危防止事故发生，治危治理安全隐患，控危控制不安全因素，救危救援事故与险情。

图 2-9　安全宣传图片

一、防止事故发生

预防事故发生必须牢固树立"安全第一，预防为主"和"隐患险于明火，防范胜于救灾"的思想。可以开展公众安全宣传教育，推进轨道交通运营安全文化建设；加强员工培训，提高其处理突发事件的能力（图 2-10）；充分依靠科技成果，加强硬件设备的安全防范措施。

图 2-10　贵阳市轨道交通集团开展地铁站员工消防安全培训

二、治理安全隐患

治理安全隐患，即检查、整顿、消除安全隐患和不安全因素。其具体措施是：完善城市轨道交通运营安全标准体系；加强对城市轨道交通运营企业的安全评估工作；加强日常管理和检查，加大查处力度，在日常工作中，要加强对员工作业情况的检查。可以通过日常检查与定期检查相结合、专项检查与综合检查相结合，检查员工是否按作业标准工作，杜绝违章违纪现象，及时发现隐患并加以整改（图2-11）。

图2-11　北京市交通执法总队加强轨道交通运营安全隐患排查

三、控制不安全因素

控制不安全因素，即控制各种隐患、突发事件和运营风险等。可以采取实时监控措施，严格执行ISO9000质量控制体系，提高管理水平，保持与其他单位的良好协作，控制外部因素干扰，及时有效地采取措施将事故控制在萌芽状态。

四、救援事故与险情

险情即将发生时，在救援事故与险情时，以最快、最有效的办法确保安全，减少损失，恢复正常，维持服务（图2-12）。

图2-12　2021年9月10日，成都一在建地铁发生垮塌事故救援现场

【任务实施】

1. 任务地点
校内实训室
2. 任务要求
任务名称：编制一份城市轨道交通安全科普宣传活动策划书。 任务目的：编制城市轨道交通安全科普宣传活动策划书； 　　　　　以实践为导向，提升团队凝聚力，进行城市轨道交通安全科普宣传。 任务内容：查阅文献资料，掌握城市轨道交通安全相关知识； 　　　　　编制城市轨道交通安全科普宣传活动策划书； 　　　　　进行城市轨道交通安全科普宣传
3. 任务分组
本任务采用分组方式进行，4~6人为一组，每个小组选出组长，负责本小组的组织协调工作，带头示范、督促、帮助其他组员完成相应工作
4. 任务步骤
（1）查阅文献资料，掌握城市轨道交通安全相关知识。 （2）编制城市轨道交通安全科普宣传活动策划书。 （3）深入社区，进行城市轨道交通安全科普宣传
5. 任务反思
（1）通过任务实施，学到的新知识点有哪些？   （2）通过任务实施，掌握的新知识点或技能点有哪些？   （3）你对自己在本次任务中的表现是否满意？写出课后反思。   （4）深入社区进行城市轨道交通安全科普宣传，有什么收获？

【任务评价】

序号	评价项目	评价内容	分值	学员互评（40%）	教师评价（60%）
1	专业能力（70分）	明确阐述活动背景、目的和意义	10		
2		设定明确的活动目标和预期效果	10		
3		能设计有针对性地宣传内容	10		
4		能考虑到受众群体的特点和需求	10		
5		活动流程是否清晰、合理	10		
6		能准确评估宣传活动的实际效果	10		
7		对宣传活动进行深入分析和总结	10		
8	职业素养（30分）	责任意识、工作态度端正	5		
9		团队合作意识、互相协作良好	10		
10		扎实严谨的工作作风	5		
11		精益求精的工匠精神	10		
得分			100		
姓名		学号	总得分	评价人	

【题目评价】

二维码能够链接精品课程平台，让学生在平台完成题库作业

【增值评价】

1.

2.

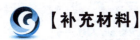

【补充材料】

无锡地铁1号线《乘车安全知识手册》

http：//www.wxmetro.net/ws/front/cn/95/content/article.html

任务 2.4　城市轨道交通安全事故报告的组成认知

【任务导入】

城市轨道交通事故分为哪几类？等级是如何划分的？预警事故级别分为几个级别？

【学习目标】

素质目标：
1. 广泛践行社会主义核心价值观。
2. 树立以人为本、服务社会的理念。
3. 形成创新精神和团队合作意识。
4. 提升职业道德和社会责任感。

知识目标：
1. 了解城市轨道交通事故的分类。
2. 了解城市轨道交通事故等级划分。
3. 了解城市轨道交通事故预警级别。

能力目标：
能够判断城市轨道交通事故的级别及预警级别。

【任务描述】

对于城市轨道交通从业人员来说，要增强自身安全管理意识，规范正确处理方法，在事故发生时保持良好的心态，尽量减少事故发生的概率，并将事故的损失降到最低。

【任务分析】

知识点一　城市轨道交通事故的分类

由图 2-13 可知，造成城市轨道交通事故的原因有很多，包括中毒、触电、火灾、爆炸、坍塌等，所以对于城市轨道交通从业人员来说，要增强自身安全管理意识，规范正确处理方法，在事故发生的时候保持良好的心态，尽量减少事故发生的概率，并将事故的损失降到最低。

城市轨道交通事故是指城市轨道交通车辆在运行过程中与行人及其他障碍物相撞，或者发生脱轨，车辆或车站发生火灾、爆炸，乘客拥挤、踩踏、自高处坠落、掉下站台，车门发生故障等影响正常行车的事故，主要包括行车事故、客运事故、自然灾害事故等。

一、行车事故

行车事故按照事故的损失及对运营造成的影响和危害程度，分为特别重大事故、重大事故、较大事故、险性事故、一般事故和事故苗头。

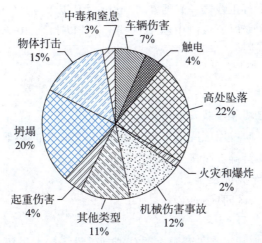

图 2-13　2012.01－2019.09 我国轨道交通不同事故类型数量统计

1. 特别重大事故

发生火灾、爆炸、列车冲突、脱轨，造成下列后果之一的为特别重大事故：

(1) 死亡 10 人或死亡、重伤 30 人及其以上。

(2) 事故直接经济损失在 1 000 万元及其以上。

2. 重大事故

发生火灾、爆炸、列车冲突、脱轨，或由于地铁设备状态不良等其他原因造成下列后果之一的为重大事故：

(1) 死亡 3 人或死亡、重伤 10 人及其以上。

(2) 事故直接经济损失在 500 万元以上、1 000 万元以下的。

(3) 中断正线（上下行正线之一）行车 180 min 及其以上。

(4) 运营期间单个主变电所供电中断 360 min 及其以上。

(5) 电客车中破 1 辆。

(6) 工程车辆大破 1 台。

3. 较大事故

发生火灾、爆炸、列车冲突、脱轨，或由于地铁设备状态不良等其他原因造成下列后果之一的为较大事故：

(1) 死亡 1 人或重伤 3 人及其以上。

(2) 事故直接经济损失在 300 万元以上、500 万元以下的。

(3) 中断正线（上下行正线之一）行车 120 min 及其以上、180 min 以下的。

(4) 运营期间单个主变电所供电中断 240 min 及其以上、360 min 以下的。

(5) 电客车小破 1 辆。

(6) 工程车辆中破 1 台。

4. 险性事故

凡事故性质严重，但未造成严重损害后果或损害后果不够大事故及以上事故，造成下列后果之一的为险性事故：

(1) 事故直接经济损失在 100 万元以上、300 万元以下的。

(2) 中断正线（上下行正线之一）行车 60 min 及其以上、120 min 以下的。

(3) 运营期间单个主变电所供电中断 120 min 及其以上、240 min 以下的。

(4) 列车冲突。

(5) 列车脱轨。

(6) 列车分离。

(7) 未经批准，擅自切除车载安全防护或 BBS 装置。

(8) 未经批准，擅自向占用区间接入或发出无 ATP 保护的列车。

(9) 未准备好进路或错排进路接入或发出列车。

(10) 未拿或错拿行车凭证发车。

(11) 列车、车辆溜入区间或站内。

(12) 列车冒进禁行信号。

(13) 客车夹人或夹物开车，导致乘客受伤或地铁设备较大损坏。

(14) 正线各类设施、设备、物资等侵入车辆限界，造成车辆较大损坏。

(15) 列车运行中，因车辆部件脱落或货物装载不当造成地铁设备较大损坏；错送电、漏停电。

(16) 运营期间正线线路走行轨由轨头到轨底贯通断裂。

(17) 载客列车错开车门造成乘客伤害、运行途中开门或车未停稳开门。

(18) 行车指挥无线通信系统故障，造成全线无线中断 20 min 及其以上、局部无线中断 30 min 及其以上。

(19) 基地（停车场）出车时，因设施设备故障等原因影响 10 列以上其他列车上线运营。

(20) 错误办理行车凭证发车或耽误列车 10 min 以上。

(21) 漏发、漏传、错发、错传调度命令耽误列车 10 min 以上。

(22) 其他（性质严重的行车事故，经运营公司安全生产委员会决定列入本项的）。

5. 一般事故

凡事故性质及损害后果不够大事故及险性事故的为一般事故：

(1) 事故直接经济损失在 20 万元及其以上、100 万元以下的。

(2) 在运营时间内，因设备故障或其他原因造成正线（上下行正线之一）中断行车 30 min 及其以上、60 min 以下的。

(3) 运营期间单个主变电所供电中断 60 min 及其以上、120 min 以下的。

(4) 调车冲突。

(5) 调车脱轨。

(6) 非运营列车分离。

(7) 挤道岔。

(8) 在非运营时间内，因施工、设备故障或其他原因影响首班载客列车始发晚发 20 min 及其以上。

(9) 未经批准，载客列车在站通过。

(10) 因设备原因造成列车运行降级为电话闭塞法/电话联系法行车。

(11) 错误办理行车凭证发车或耽误列车 10 min 以下。

(12) 漏发、漏传、错发、错传调度命令耽误列车 10 min 以下。

(13) 列车转线、调车作业时，碰轧脱轨器或碰轧防护信号、撞止挡。

(14) 未撤除止轮器开车。

(15) 因错发操作命令或人员误操作造成断路器跳闸，导致接触网误停电。

(16) 行车指挥无线通信系统故障，造成全线无线中断 10 min 及其以上、局部无线中断 15 min 及其以上。

(17) 载客列车错开车门未造成乘客伤害。

(18) 基地（停车场）出车时，因设施设备故障等原因影响 6～10 列以上其他列车上线运营。

(19) 其他（经运营公司安全生产委员会决定列入本项的）。

6. 事故苗头

凡在地铁范围内，因违反规章制度、违反劳动纪律或其他原因造成设备损坏，影响正常行车或危及行车安全，但事故性质或损害后果达不到事故的为事故苗头；因违章行为性质严重，虽未造成损失，但经事故调查处理组定性为事故苗头的。

(1) 运营时间内，因设备故障或其他原因造成正线中断（上下行正线之一）行车 20 min 及其以上、30 min 以下的。

(2) 载客列车车门故障无法关闭，且无安全措施行车。

(3) 列车夹人、夹物开车。

(4) 未经允许，载客列车进入非运营线路。

(5) 车站未按规定时间开、关站。

(6) 运营中，车站照明全部停电。

(7) 无证操作 LOW 或违章操作、错误执行相关命令，影响行车。

(8) 设备故障情况下，单个道岔手摇道岔作业时间超过 15 min。

(9) 未经批准，通过列车在站停车。

(10) 正线客车车辆空气制动系统失去作用，未造成后果。

(11) 车辆未达到出库标准进入正线载客服务。

(12) 连续两次及以上同一原因造成列车产生紧急制动。

(13) 列车或车辆溜逸，未造成后果。

(14) 车辆、设备故障或人为操作失误造成运营客流高峰阶段车站被迫采取非正常封站或限流措施。

(15) 全线 ATS 故障 10 min 内未修复。

(16) 单个联锁区 ATP 故障 30 min 内未修复。

(17) 基地客车转线进入无电区或无网区。

(18) 各类机柜门、检查孔盖未按规定锁闭或设施固定不牢，造成列车区间停车。

(19) 调度电话无录音或未到规定时间录音丢失；中央处理系统未到规定时间数据丢失。

二、客运事故

凡是在车站的站厅内、站台上、列车车厢内发生的危及乘客人身安全的事件，均属于客运事故。客运事故主要是由列车车门、屏蔽门、自动扶梯、列车停站时站台边缘与列车间的间隙、列车进出站等原因造成的受伤。

发生客运事故时，应及时实施救助，并填写相关文件城市轨道交通事故的预警级别备案。

【案例 2-3】

2022 年 1 月 22 日下午 4：30 左右，上海 15 号线祁安路站一名老年女性乘客下车时被屏蔽门夹住，工作人员急速上前，试图帮助其脱困，后经送医抢救该乘客仍不幸身亡。

三、自然灾害事故

自然灾害事故主要是指水灾害、风灾害、雷击灾害、地震灾害等引起的事故。在遭遇此类灾害时，应及时统一指挥，组织乘客疏散转移及进行现场抢救。

【案例 2-4】

2016 年，从 6 月 3 日晚开始的持续暴雨，让还未开通试运营的广西南宁地铁 1 号线经受了第一次考验，因强降雨和路网排水系统缺失等因素影响，百花岭站发生雨水倒灌，站内成为"地下河"。经多个部门长达 17 h 的抢险救援，站内外积水消退，机电设备未受影响，1 号线东段于 6 月 28 日能如期开通试运营。图 2-14 所示为 2016 年 6 月 4 日广西南宁在即将启用的百花岭地铁站外，救援人员正在搬运沙袋，砌成拦水墙阻止洪水涌进地铁管道。

图 2-14　广西在建地铁站被洪水浸泡，站内成"地下河"

🌐 知识点二　城市轨道交通事故的等级划分

城市轨道交通事故按照性质和可能造成的损害程度分为特别重大、重大、较大、一般四个等级。

1. 特别重大事故（Ⅰ级）

特别重大事故是指在城市轨道交通运营线路或车站内发生爆炸、化学恐怖袭击、火灾、列车脱轨、撞车等事件，或因车辆、设备、设施故障，停电或断电，地震等自然灾害，发生中断运营或人员伤亡及财产损失等紧急情况，造成（可能造成）下列情形之一：

(1) 死亡 30 人及以上。

(2) 社会影响特别恶劣，经济损失特别重大。

(3) 发生二级以上火灾（被困人数 500 人以上）。

城市轨道交通事故等级标准和预警事故级别

2. 重大事故（Ⅱ级）

重大事故是指因车辆、设备、设施故障，全线、大面积停电或断电，地震等自然灾害，发生列车在运营正线上脱轨、撞车、运营中断等事件，造成（可能造成）下列情形之一：

(1) 死亡 10～29 人，或死伤 50 人以上。

(2) 轨道交通运营中断 6 h 以上。

(3) 直接经济损失 500 万元及以上。

(4) 轨道交通发生三级火灾（被困人数 500 人以下）。

3. 较大事故（Ⅲ级）

较大事故是指因车辆、设备、设施故障，两个车站以上及其区间断电，地震等自然灾害，发生列车在运营正线上脱轨、撞车、运营中断等事件，造成（可能造成）下列情形之一：

(1) 死亡 3～9 人，或死伤 10～49 人。

(2) 轨道交通运营中断 3～6 h。

(3) 直接经济损失 100～500 万元。

4. 一般事故（Ⅳ级）

一般事故是指因车辆、设备、设施故障、地震等自然灾害等，发生列车在运营正线上脱轨、撞车、运营中断但地铁运营部门有能力处理和控制的突发事件，造成（可能造成）下列情形之一：

(1) 死亡 1～2 人，或死伤 10 人以下。

(2) 轨道交通运营中断 3 h 以内。

(3) 直接经济损失 100 万元及以下。

知识点三　城市轨道交通事故的预警级别

2015 年 4 月 30 日，国务院办公厅印发《国家城市轨道交通运营突发事件应急预案》（国办函〔2015〕32 号）（以下简称《预案》）。根据《预案》，很多城市对城市轨道交通事故的预警级别做出了规定。

以北京市为例，《北京市轨道交通运营突发事件应急预案》对预警级别规定为：依据轨道交通运营突发事件的危害程度、发展情况和紧迫性等因素，轨道交通运营突发事件的预警由高到低分为红色、橙色、黄色和蓝色四个级别。

城市轨道交通事故的预防措施

(1) 红色预警。预计将要发生特别重大（Ⅰ级）以上轨道交通运营突发事件，事件会随时发生，事态正在不断蔓延。

(2) 橙色预警。预计将要发生重大（Ⅱ级）以上轨道交通运营突发事件，事件即将发生，事态正在逐步扩大。

(3) 黄色预警。预计将要发生较大（Ⅲ级）以上轨道交通运营突发事件，事件已经临近，事态有扩大的趋势。

(4) 蓝色预警。预计将要发生一般（Ⅳ级）以上轨道交通运营突发事故，事件即将临近，事态可能会扩大。

【任务实施】

城市轨道交通事故的致因及案例分析

1. 任务地点
校内实训室

2. 任务要求
任务名称：分析 5 起国内外发生的城市轨道交通运营安全事故，并做出分析报告。
任务目的：查阅相关文献，了解 5 起城市轨道交通运营安全事故的情况；
　　　　　通过对城市轨道交通运营安全事故进行分析，确定事故的分类和等级划分；
　　　　　通过 PPT 进行汇报，增加学生的表达能力。
任务内容：查阅相关文献，了解 5 起城市轨道交通运营安全事故的情况；
　　　　　对城市轨道交通运营安全事故进行分析，确定事故的分类和等级划分；
　　　　　编制 PPT 进行汇报

3. 任务分组
本任务采用分组方式进行，4～6 人为一组，每个小组选出组长，负责本小组的组织协调工作，带头示范、督促、帮助其他组员完成相应工作

4. 任务步骤
（1）查阅相关文献，了解 5 起城市轨道交通运营安全事故的情况。
（2）对城市轨道交通运营安全事故进行分析，确定事故的分类和等级划分。
（3）编制 PPT 进行汇报

5. 任务反思
（1）通过任务实施，学到的新知识点有哪些？

（2）通过任务实施，掌握的新知识点或技能点有哪些？

（3）你对自己在本次任务中的表现是否满意？写出课后反思

【任务评价】

序号	评价项目	评价内容	分值	学员互评（40%）	教师评价（60%）
1	专业能力（70分）	能明确事故的分类	10		
2		能明确事故的等级划分	10		
3		掌握事故等级的判定标准	10		
4		能对每起事故进行详细的原因分析	10		
5		能提出针对性的预防措施	10		
6		能正确处理每起事故	10		
7		能对每起事故进行总结和教训吸取	10		
8	职业素养（30分）	责任意识、工作态度端正	5		
9		团队合作意识、互相协作良好	10		
10		扎实严谨的工作作风	5		
11		精益求精的工匠精神	10		
得分			100		
姓名		学号		总得分		评价人	

【题目评价】

二维码能够链接精品课程平台，让学生在平台完成题库作业

【增值评价】

1.

2.

任务 2.5　探索信息化技术如何保障城市轨道交通运营管理安全

【任务导入】

城市轨道交通运营安全保障系统是指配置在运营系统上起保障运营安全作用的所有方法和手段的综合。城市轨道交通运营安全保障系统的特征有哪些？其是由哪些部分组成的？

【学习目标】

素质目标：
1. 推进文化自信自强。
2. 具有强烈的责任意识与稳定的心理素质。
3. 树立规范操作意识。

知识目标：
1. 了解城市轨道交通运营安全保障系统的特征。
2. 了解城市轨道交通运营安全保障系统的组成。

能力目标：
能够初步看懂城市轨道交通运营安全保障系统。

【任务描述】

随着城市建设发展速度逐渐加快，发展规模也逐渐扩大，城市轨道交通运营安全保障系统已经成为城市轨道交通不可缺失的一部分，它确保了城市轨道交通的正常运营。

【任务分析】

知识点一　城市轨道交通运营安全保障系统的特征

城市轨道交通运营安全保障系统是指配置在运营系统上起保障运营安全作用的所有方法和手段的综合。

（1）城市轨道交通安全保障系统具有较强的可操作性和实效性。系统是针对运营安全影响因素采取的所有控制方法和手段的有机结合。

（2）城市轨道交通安全保障系统是一种控制系统，是一个以管理为施控主体，以直接影响因素（不仅包括人、机、环境等单独因素，还包括各单独因素之间的关系和组合）为受控客体，以实现某一个时期的安全目标为目的的控制系统。

（3）城市轨道交通安全保障系统是一个"人－机－环境"系统，是一个以"管理"为中枢，以"人"为核心，以"机"为基础，以"环境"为条件组成，以保障城市轨道交通运营安全为目的的总体性"人－机－环境"系统。

（4）城市轨道交通安全保障系统是一种前馈、反馈耦合控制系统。作为反馈控制，系统将输出端的信息通过反馈回路传输到系统输入端，与系统的目标进行比较，找出偏差，采取适当的措施实施控制，纠正偏差，使系统达到预期目标。

知识点二　城市轨道交通运营安全保障系统的组成

从管理的对象和要素出发，可将运营安全保障系统划分为不同层次的两个子系统，即安全总体管理子系统和安全对象管理子系统（图2-15）。

城市轨道交通运营安全保障系统的组成
- 安全总体管理子系统
  - 安全组织子系统
  - 安全法制子系统
  - 安全信息子系统
  - 安全技术子系统
  - 安全教育子系统
  - 安全资金子系统
- 安全对象管理子系统
  - 人员安全保障子系统
  - 设备安全保障子系统
  - 环境安全保障子系统

城市轨道交通运营安全保障系统

图 2-15　城市轨道运营安全保障系统的组成

一、安全总体管理子系统

安全总体管理的内容不是单独对人、设备或环境的安全管理，而是对"人－机－环境"系统总体的安全管理，是凌驾于人、设备、环境之上，又渗透于其中的安全管理。安全总体管理子系统包括安全组织子系统、安全法制子系统、安全信息子系统、安全技术子系统、安全教育子系统、安全资金子系统等组成部分（图2-16和图2-17）。

1. 安全组织子系统

安全组织是安全管理的一个职能实体，所有安全保障措施的制订与落实都离不开组织的支持。其功能包括制订安全管理的方针、政策和目标，明确责任和权限，组织实施安全管理规划，提供决策沟通和协调配合，进行安全检查及整改，分析处理事故，以及其他。

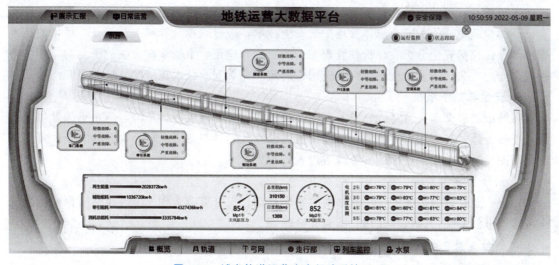

图 2-16　城市轨道运营安全保障系统（一）

图 2-17 城市轨道运营安全保障系统（二）

2. 安全法制子系统

建立、健全安全法制的目的就是使人、设备、环境的安全管理活动做到有章可循、有法可依，即起到规范人、设备、环境安全管理的作用。

3. 安全信息子系统

一切安全管理活动都离不开安全信息的支持。正是信息的纽带特性，使得安全信息成为安全总体管理的内容。安全信息管理的功能包括收集、记录、整理、传输、存储系统安全信息，提供系统安全分析工具、评价方法与决策支持，追踪先进的安全科技与管理信息。

4. 安全技术子系统

安全技术管理的内容包括对运营安全硬技术设备的安全管理和对运营安全软技术的研究、开发与应用。作为安全总体管理中的安全技术，应排除单独针对人、设备、环境的技术管理部分，包括安全分析、评价和管理方法的研究与应用，事故管理方法的研究与应用，各种安全作业方法、工艺过程的研究与应用，制定和完善安全技术规范的方法的研究与应用。

5. 安全教育子系统

在城市轨道交通运营"人－机－环境"系统中，为了避免各种危险，防止事故发生，必须通过各种形式和方法对广大城市轨道交通运营企业领导与员工进行经常性的安全教育与培训，从而促进相关安全行为的发生或改进人的行为状态。

6. 安全资金子系统

安全资金是做好运营安全管理必要的物质基础。安全资金管理的内容包括对保障运营安全所需资金的筹集、调拨、使用、结算和分配等。

二、安全对象管理子系统

安全对象管理子系统可进一步细分为人员安全保障子系统、设备安全保障子系统和环境安全保障子系统。

1. 人员安全保障子系统

人员安全保障是指保障不因人的差错而出现事故或隐患。在排除设备和环境因素之后，人员安全保障包括提高人员安全素质和加强人员安全管理两部分。

（1）提高人员安全素质的措施又可称为人员直接安全保障措施，最为有效的途径即岗位安全教育和培训。

（2）加强人员安全管理的目的是防止因间接原因而产生人的差错，又称人员间接安全保障，包括加强安全劳动管理、加强员工生活管理和行为管理。

2. 设备安全保障子系统

设备安全保障子系统包括设备安全设计，设备的保养、检修及更换，设备状态及工作情况的检测和监控管理，设备的故障安全对策四个方面的内容。

（1）设备安全设计。选用具有较高安全性（包括人机工程设计、可靠性、可维修性、先进性等）的设备。

（2）设备的保养、检修及更换。保障设备始终处于良好运行状态，对超过服役期的设备要及时进行更换。

（3）设备状态及工作情况的检测和监控管理。有效获得各种设备安全性能的实时动态信息。

（4）设备的故障安全对策。保证故障发生后能够导向安全，不产生非安全的连锁反应，使事故造成的影响尽可能小。

3. 环境安全保障子系统

由于影响运营安全的环境条件包括内部小环境（作业环境、内部社会环境）和外部大环境（自然环境、外部社会环境），因此，环境安全保障子系统可进一步细分为内部环境安全保障子系统和外部环境安全保障子系统两部分。

（1）内部环境安全保障子系统。改善影响运营安全的内部环境是运营安全保障系统的重要内容。内部环境安全保障包括以下两项内容：

1）作业环境安全保障。为保障运营安全，必须保持操作者的作业环境处于良好状态，包括作业空间布置，温度、湿度调节，采光、照明设置，噪声与振动的控制，以及有毒有害气体、粉尘、蒸汽的排除等。

2）内部社会环境安全保障。针对影响运营安全的系统内部政治、经济、文化、法律等环境条件采取一系列控制措施。

（2）外部环境安全保障子系统。外部环境安全保障子系统，是指为了淡化外部环境对运营安全的负面影响，强化其正面影响，而对运营系统进行调节的所有管理手段。外部环境安全保障包括以下两项内容：

1）自然环境安全保障。针对影响运营安全的自然环境条件采取一系列防范措施，其目的是将自然环境对运营安全的影响降到最低。为此，必须做好自然灾害的预测、预报与防治工作，以及恶劣气候下安全作业方法的完善与落实工作。

2）外部社会环境安全保障。为了保障运营安全，城市轨道交通必须随着其所赖以生存的社会环境条件（技术、经济、政治、文化等）的变化而做适当调整，化消极影响为积极影响。

【任务实施】

1. 任务地点
   校内实训室

2. 任务要求
   任务名称：调研信息化时代如何保障信息安全。
   任务目的：通过调研了解现在关于信息安全的相关法律法规、掌握保障信息安全的相关技术。
   任务内容：调查和汇总国内外关于信息安全的相关法律法规；
   编写完成一份"信息化时代如何保障信息安全情况介绍"PPT

3. 任务分组
   本任务采用分组方式进行，4～6人为一组，每个小组选出组长，负责本小组的组织协调工作，带头示范、督促、帮助其他组员完成相应工作

4. 任务步骤
   （1）调查和汇总国内外信息化时代如何保障信息安全。
   （2）介绍信息安全保障的相关技术。
   （3）编写完成一份报告与PPT

5. 任务反思
   （1）通过任务实施，学到的新知识点有哪些？

   （2）通过任务实施，掌握的新技能点有哪些？

   （3）你对自己在本次任务中的表现是否满意？写出课后反思。

   （4）通过本次任务的交流，你了解了多少信息安全的知识？

【任务评价】

序号	评价项目	评价内容	分值	学员互评（40%）	教师评价（60%）
1	专业能力（70分）	PPT 内容完整性和合理性	10		
2		逻辑性和条理性	10		
3		数据与图表使用准确性	10		
4		文字表述准确、简洁、明了	10		
5		PPT 设计格式与排版整洁、美观，易于阅读	10		
6		PPT 的创新性与亮点	10		
7		能激发观众的兴趣和参与度	10		
8	职业素养（30分）	责任意识、工作态度端正	5		
9		团队合作意识、互相协作良好	10		
10		扎实严谨的工作作风	5		
11		精益求精的工匠精神	10		
得分			100		
姓名		学号		总得分	评价人

【题目评价】

二维码能够链接精品课程平台，让学生在平台完成题库作业

【增值评价】

1.

2.

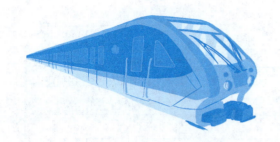

模块 3

票务管理——严谨细致、高效联动

 模块介绍

  城市轨道交通票务管理是指票务管理部门计划、组织、协调、控制执行部门借助规章和自动售检票设备完成票卡、现金和票务数据的运营管理。城市轨道交通票务管理的目的是保证票务收入的完整性和准确性，提高运营效率和服务质量，满足乘客的出行需求。城市轨道交通票务管理的内容包括城市轨道交通经济特征和定价流程，城市轨道交通运营筹备期的票务工作，自动售检票系统的结构、功能和检修，车站自动售检票设备的布局、操作和故障处理，中心级和车站级的票务管理流程和操作要点，非正常情况下的车站级票务运作管理，票务违章与票务事故的预防和处理等。

任务 3.1　了解城市轨道交通售检票系统发展史

【任务导入】

想象一下你走进轨道交通站台，你会看到一些自动售票机。这些机器是如何帮助我们购买车票的呢？学习这些自动售票机的操作方式，以及如何选择并购买适当的车票，使我们能够顺利进入站台区域。

【学习目标】

素质目标：
1. 努力成为青年科技人才。
2. 树立以人为本、服务社会的理念。
3. 提升职业道德和社会责任感。

知识目标：
1. 掌握城市轨道交通售检票系统的发展历程。
2. 掌握城市轨道交通售检票系统的组成。
3. 掌握城市轨道交通售检票系统的基本功能。

能力目标：
1. 能够熟悉城市轨道交通售检票系统的发展历程。
2. 能够了解城市轨道交通售检票系统的基本功能。

【任务描述】

自动售检票系统是国际化大城市轨道交通运行中普遍应用的现代化联网收费系统，随着自动售检票系统的启用，乘客可以通过各入口处的自动售票机购买电子票。

【任务分析】

知识点一　城市轨道交通售检票系统概述

自动售检票系统又称 AFC（Automatic Fare Collection）系统，是通过对计算机、统计、财务等专业知识的综合运用，实现轨道交通的售票、检票、计费、收费、统计、清分结算、运行管理等全过程的自动化管理系统（图 3-1）。

自动售检票系统相比传统人工售检票方式，能够有效防止假票、逃票、现金找零、职工徇私舞弊等问题，提高了城市轨道交通客运管理和城市信息化建设水平。

AFC 系统简介

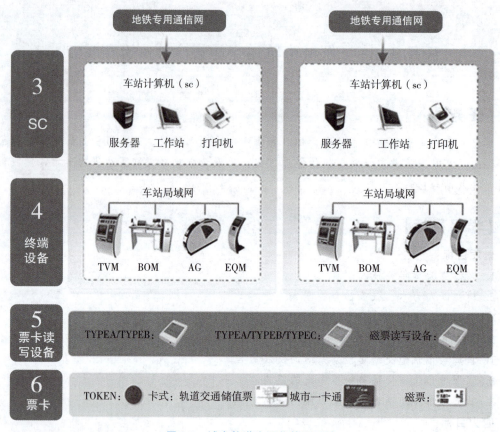

图 3-1 城市轨道交通售检票系统

知识点二 城市轨道交通售检票系统的发展历程

1. 国外城市轨道交通 AFC 系统发展历程

美国旧金山地铁是世界上第一个采用自动售检票系统的城市轨道交通,最初使用的是电子票,但由于这种纸质车票存在容易破损、保存不便等缺点,很快被磁卡票替代。磁卡票作为电子票的升级版受到了各个国家轨道交通运营公司的青睐。直到 20 世纪 90 年代末期,IC 卡因为其抗干扰能力强、不需要和读卡器物理接触的优点开始逐步替代了老式磁卡,技术上的突破推动自动售检票系统进入新的时代。

2. 国内城市轨道交通 AFC 系统发展历程

(1) 第一代纸质车票。我国第一条地铁于 1969 年在北京投入运营,在长达 20 多年的时间里,北京地铁一直依赖人工售票检票方式,车票以纸质车票为主(图 3-2)。

(2) 第二代磁卡。1999 年,上海地铁 1 号线和广州地铁 1 号线引入美国 CUBIC 的自动售检票系统,通用的车票介质为磁卡(图 3-3)。直到 2008 年 6 月,北京城市轨道交通路网 AFC 系统才投入使用,真正意义上实现了"一票通行"和无障碍换乘。

(3) 第三代 IC 卡及新型支付方式。2000 年后,我国自动售检票系统的发展有了新的转变。一方面,改变车票的介质,由磁卡逐步转变为 IC 卡(图 3-4),同时更新改造自动售检票配套硬件设备;另一方面,将 IC 卡与公交一卡通结合。近 10 年来,国内城市轨道交通

AFC系统在高新技术应用上不断寻求突破与创新,从拥有NFC功能的手机端到银联卡闪付,乃至App软件城市智汇一卡通功能的实现,实现了质的进步。

图3-2 北京地铁纸质车票

图3-3 磁卡票

图3-4 上海地铁IC卡

知识点三 城市轨道交通售检票系统的组成

城市轨道交通自动售检票系统一般为五层架构,包括清分中心系统(ACC)、线路中央计算机系统(LCC)、车站计算机系统(SC)、车站终端设备(SLE)和票卡。其系统架构如图3-5和图3-6所示。

第一层:清分中心系统(AFC Clearing Center,ACC)是轨道交通票务清分的中央计算机系统,由生产系统和容灾备份系统组成,负责轨道交通全路网的票务管理、票卡发行与调配管理、地铁专用车票一卡通等换乘交易清算、路网运营模式监控,以及各类交易数据、客流数据的统计分析报表。

第二层:线路中央计算机系统(Line Central Computer,LCC)是指本线路的中央计算机系统,在总体机构中属于二级机构。LCC负责本线路的票务管理、设备运行监控、数据审核、参数管理、安全管理、网络管理、故障自诊断等功能。

第三层:车站计算机系统(Station Computer,SC)向上连接LCC,向下控制所有车站设备。其功能主要包括收集、统计运营数据、监控和数据采集,本站车票管理、现金管理等。

第四层:车站终端设备(StationTer minal Equipment,SLE)主要应用于城市轨道交通车站车票发售、乘客进出站检票、一卡通充值、验票分析等多个环节。其主要由BOM、TVM、GATE等终端设备组成,依据不同设备类型完成相应的功能操作,如售票、进出站检票、票卡更新、车票回收等。车站终端设备在应用中具有多种选择模式,如正常服务模式、维护模式、降级服务模式及故障模式等。

第五层:票卡。城市轨道交通运行中所使用的车票是乘客所持有的费用支付媒介及凭证,大多数城市轨道交通收费中采用的都是无触点集

AFC系统车站终端设备

成电路卡。按照不同城市的实际需求将车票封装成卡片、筹码或者其他形式。按照车票的支付模式可以将其分为储值票、单程票、一卡通、乘次票。记录车票的系统编号、安全信息、车票种类、个人信息、进出站信息、金额、有效期、历史交易记录等信息，与车站现场设备共同完成自动售票、检票功能。

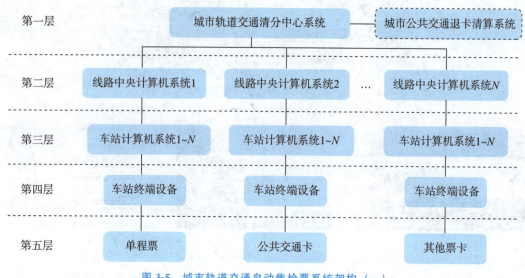

图 3-5　城市轨道交通自动售检票系统架构（一）

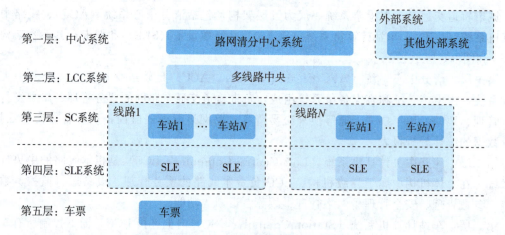

图 3-6　城市轨道交通自动售检票系统架构（二）

知识点四　城市轨道交通售检票系统的主要业务流程

城市轨道交通售检票系统运营管理分别面向信息流、物流和责任链，主要包括票务管理、收益管理、运营维护三大业务流程（图 3-7）。

轨道交通 AFC 系统票务管理中心主要是对车票进行初始化，将其分配到各条线路，根据系统中的逻辑编号对回收的车票进行初始化。非回收类的车票，在指定好编号之后，将其录入个人信息中。如果轨道交通中的废票在进行初始化的过程中需要重新设置好车票的信息，那么车票

值班员票务管理之
TVM、AVM、BOM
票务工作

完成初始化之后需要进行预赋值。轨道交通中遇到大客流时，自动售票机往往不能满足乘客的交通需求，此时可以利用 AFC 系统对不同预赋值车票进行设计，将其分配到各条线路中。在车票的预赋值中，需要将车票的数量和种类结合起来，通过编码和调配计划，做好车票的出库工作。针对一些无法出库的车票需要及时进行注销，删除其在 AFC 系统中的车票信息，做好重新编码使用。

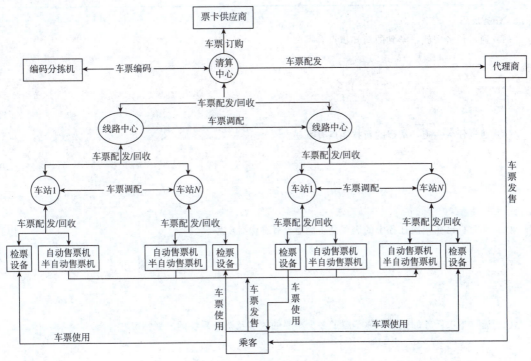

图 3-7 票务管理业务流程

【任务实施】

1. 任务地点
校内实训室
2. 任务要求
任务名称：地铁车票的发展史。 任务目的：收集整理地铁车票的发展史，通过对车票变革的分析阐述票务系统的发展历程。 任务内容：收集整理地铁车票的发展情况； 　　　　　介绍每种车票的特点及时代背景； 　　　　　探索车票变革背后票务系统的发展历程
3. 任务分组
本任务采用分组方式进行，4~6 人为一组，每个小组选出组长，负责本小组的组织协调工作，带头示范、督促、帮助其他组员完成相应工作

续表

4. 任务步骤

(1) 收集整理地铁车票的发展情况。

(2) 介绍每种车票的特点及时代背景。

(3) 探索车票变革背后票务系统的发展历程

5. 任务反思

(1) 通过任务实施,学到的新知识点有哪些?

(2) 通过任务实施,掌握的新技能点有哪些?

(3) 你对自己在本次任务中的表现是否满意?写出课后反思。

(4) 通过本次任务的交流,你了解了多少车票的故事及票务系统的发展情况?

【任务评价】

序号	评价项目	评价内容	分值	学员互评（40%）	教师评价（60%）
1	专业能力（70分）	PPT内容完整性和合理性	10		
2		逻辑性和条理性	10		
3		数据与图表使用准确性	10		
4		文字表述准确、简洁、明了	10		
5		PPT设计格式与排版整洁、美观,易于阅读	10		
6		PPT的创新性与亮点	10		
7		能激发观众的兴趣和参与度	10		

续表

序号	评价项目	评价内容	分值	学员互评（40%）	教师评价（60%）
8	职业素养（30分）	责任意识、工作态度端正	5		
9		团队合作意识、互相协作良好	10		
10		扎实严谨的工作作风	5		
11		精益求精的工匠精神	10		
		得分	100		
姓名		学号		总得分	评价人

【题目评价】

二维码能够链接精品课程平台，让学生在平台完成题库作业

【增值评价】

1.

2.

任务 3.2　学习城市轨道交通票务管理规章

【任务导入】

学习城市轨道交通票务管理规章的知识，将帮助人们更好地理解在城市轨道交通系统中购票、检票等方面的规定和流程；更全面地认识城市轨道交通票务管理规章，为人们在城市生活中更加方便、安全地使用轨道交通提供支持。

城市轨道交通票务管理规章

【学习目标】

素质目标：

1. 树立以人为本、服务社会的理念。
2. 提升职业道德和社会责任感。

知识目标：

1. 了解国家对城市轨道交通票务管理的规定及相关文件。
2. 熟悉大中城市轨道交通票务管理规定。
3. 掌握城市轨道交通票务管理规定的要点。

能力目标：

1. 能够重点把握城市轨道交通票务管理中的重要内容。
2. 能够掌握城市轨道交通售检票系统的组成。
3. 能够掌握城市轨道交通售检票系统的基本功能。

【任务描述】

城市轨道交通票务管理规章应包含如下内容：制定目的、票价政策和相关法规依据；轨道交通各类票种的办理流程及发票索取方式；根据国家及地方的政策规定，明确轨道交通票价优惠、免费乘车的享受范围及办理流程；按照进站、乘车、出站的通行顺序明确各类票种的使用流程和补票规定；规定特殊事务的处理办法。

【任务分析】

知识点一　城市轨道交通票务管理国家相关文件

《城市轨道交通运营管理规定》（中华人民共和国交通运输部令 2018 年第 8 号）于 2018 年 5 月 14 日经第 7 次部务会议通过，自 2018 年 7 月 1 日起施行。该规定适用于地铁、轻轨等城市轨道交通的运营及相关管理活动，包括总则、运营基础要求、运营服务、安全支持保障、应急处置、法律责任、附则共七个部分内容。

总则中提到城市轨道交通运营管理应当遵循以人民为中心、安全可靠、便捷高效、经济舒适的原则。要求城市轨道交通运营主管部门应当按照有关标准组织实施交通一卡通在轨道交通的建设与推广应用，推动跨区域、跨交通方式的互联互通。

知识点二　天津市轨道交通票务管理规定

天津市轨道交通票务管理规定是根据《天津市轨道交通管理规定》《城市轨道交通运营管理规定》《城市轨道交通客运组织与服务管理办法》制定的，目的是加强天津市轨道交通票务服务工作管理，维护乘车秩序。

该规定明确天津市轨道交通车票分为单程票、储值票、计时计次票、二维码、银行卡、手机 PAY，以及基于生物识别技术的虚拟车票等。为确保乘客使用车票的便利性，轨道交通车票应实现全线网的互联互通。

（1）单程票：乘客购买后，限本站当日单次乘车使用，出闸时回收。

（2）储值票：乘客购买后，可反复充值使用，并按照相应标准扣减乘车费用。

（3）计时计次票：乘客购买后，可在限定的时间或次数内使用，每次不计里程。

（4）二维码、银行卡、手机 PAY，以及基于生物识别技术的虚拟车票：上述车票统称智能支付车票，乘客通过扫描或感应的方式过闸机通行，由后台系统计算乘客行程，并按照对应的标准从乘客绑定账户中扣减乘车费用。

轨道交通票价政策应按照天津市物价主管部门制定的票价政策执行，并在车站醒目位置公布。出发车站与目的车站间有多种乘车路径时，轨道交通运营单位应按照线网最短路径收取车费。

轨道交通票价优惠、免费乘车政策按照国家和本市的有关规定执行，具体为天津市中小学校、中专、技工、职业学校学生可办理学生票；60 周岁（含 60 岁）以上老年人可办理老人票；残疾军人、因公致残的人民警察、残疾人、离休老干部、现役军人和消防救援人员等享受国家或本市相关福利政策人员，持相关规定有效证件免费乘坐本市轨道交通；一名成年乘客可免费带领两名身高不超过 1.3 m 的儿童乘车，所带领的儿童超过两名时，按超过人数购票；轨道交通运营单位可自行制订乘车优惠活动，或与其他公共交通方式开展优惠换乘活动，开展各类优惠活动时须在车站醒目位置公布。规定还对各种类型的车票办理、使用及特殊事务处理提出了要求。

【任务实施】

自动检票机（闸机）
实操考核评估

自动售票机（TVM）
开站关站作业

半自动售票机 BOM
实操考核评估

1. 任务地点

校内实训室

2. 任务要求

任务名称：整理归纳国内外关于城市轨道交通票务管理的规章制度，并归类列出。

任务目的：通过整理归纳国内外关于城市轨道交通票务管理的规章制度，加深学生对城市轨道交通票务规章制度的了解和认知。

任务内容：整理归纳国内外关于城市轨道交通票务管理的规章制度；
介绍不同城市轨道交通票务管理规章制度的优点、缺点；
编写完成城市轨道交通票务管理规章制度研究报告

3. 任务分组

本任务采用分组方式进行，4~6人为一组，每个小组选出组长，负责本小组的组织协调工作，带头示范、督促、帮助其他组员完成相应工作

4. 任务步骤

（1）整理归纳国内外关于城市轨道交通票务管理的规章制度。

（2）介绍不同城市轨道交通票务管理规章制度的优点、缺点。

（3）编写完成城市轨道交通票务管理规章制度研究报告

5. 任务反思

（1）通过任务实施，学到的新知识点有哪些？

（2）通过任务实施，掌握的新技能点有哪些？

（3）你对自己在本次任务中的表现是否满意？写出课后反思。

（4）通过本次任务的交流，你了解了多少票务管理的规章制度相关知识？

【任务评价】

序号	评价项目	评价内容	分值	学员互评（40%）	教师评价（60%）
1	专业能力（70分）	调研报告内容完整性和合理性	10		
2		逻辑性和条理性	10		
3		数据与图表使用准确性	10		
4		文字表述准确、简洁、明了	10		
5		调研报告格式与排版整洁、美观，易于阅读	10		
6		调研报告的创新性与亮点	10		
7		能激发观众的兴趣和参与度	10		
8	职业素养（30分）	责任意识、工作态度端正	5		
9		团队合作意识、互相协作良好	10		
10		扎实严谨的工作作风	5		
11		精益求精的工匠精神	10		
		得分	100		
姓名		学号		总得分	评价人

【题目评价】

二维码能够链接精品课程平台，让学生在平台完成题库作业

【增值评价】

1.

2.

【补充材料】

为形成完整的运营安全评估管理制度体系,进一步夯实运营安全管理基础,提高服务质量,贯彻落实《国务院办公厅关于保障城市轨道交通安全运行的意见》和《城市轨道交通运营管理规定》有关要求,特出台了一些配套规范的城市轨道交通行车组织的管理制度、客运组织与服务的管理办法(表3-1)。

表 3-1　国家出台的管理办法和规范

管理办法	《城市轨道交通行车组织管理办法》
	《城市轨道交通客运组织与服务管理办法》
规范	《城市轨道交通运营期间安全评估规范》

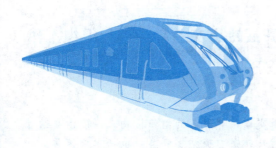

模块 4

客运管理——组织有序、用心服务

 模块介绍

城市轨道交通客运管理是指运营单位按照规定的服务标准和要求,组织、协调、控制车站、列车等客运设施设备和人员,保障乘客安全、便捷、舒适地出行。城市轨道交通客运管理的内容主要包括建立客运组织与服务质量管理体系,制定相关制度,科学设置客运人员岗位,明确车站管辖界线和安全管理责任,统一标志标识等。

任务 4.1　给你一座车站，你将如何开展轨道交通客运进行组织工作

【任务导入】

城市轨道交通客运组织是指专门负责城市轨道交通乘客服务的组织机构，一般由交通管理部门或公共交通公司组成。其主要职责是提供城市轨道交通乘客服务，包括车票销售、乘客引导、安保、保洁等方面。

【学习目标】

素质目标：
1. 培养对城市轨道交通客运管理工作的兴趣。
2. 培养对新知识和新技术的学习能力，传播好中国声音。

知识目标：
1. 掌握客运组织的概念。
2. 熟悉客运组织的内容。
3. 认识客运组织的管理模式。

能力目标：
当车站发生紧急情况时，能够根据车站设施设备布局，沉着冷静、迅速有序地组织客流疏散。

【任务描述】

城市轨道交通客运组织工作融入运营管理工作的方方面面，每一个环节、每一个部门都与客运组织相关，那么如何相关呢？我们来学习一下。

【任务分析】

知识点一　城市轨道交通客运组织的概念及意义

> 请同学们想一想，城市轨道交通都有哪些与客运组织相关的设施设备呢？

一、城市轨道交通客运组织的概念

城市轨道交通客运组织是指通过合理布置与客运有关的设备、设施，对客流采取有效的分流或引导措施来组织客流运送的过程。

> 同学们认为一堂课需不需要组织？有序的课堂组织有什么意义？

二、城市轨道交通客运组织的意义

城市轨道交通已成为广大城市市民首选的出行方式，具有准时、准点、高效的优点。怎

样组织客流，既能使乘客满意而归，又能最大程度地发挥城市轨道交通运营的潜力？

同学们是否有在早晚高峰搭乘地铁的经历？我们来看看地铁的"助推员"。日本国土面积约为37.8万平方千米，其交通非常发达，很多城市都修建有地铁，所以日本的上班族最常坐的就是地铁。乘坐地铁时，车辆内的乘客往往不喜欢太拥挤就故意不往里面靠拢，常常导致早晚高峰期地铁车站出现大量乘客滞留，日本为了解决地铁的这种排队挤压乱象，最终催生出一种叫作"助推员"的地铁工作人员（图4-1）。

你是否想成为地铁"助推员"？为什么？

图4-1 地铁"助推员"

课内小活动

你是否有早晚高峰乘坐城市轨道交通的经历？或者在医院排队做体检，或者是处于其他人流拥挤的场所时，你有何感受？是否需要工作人员的帮忙？请思考后上台发言，阐述城市轨道交通客运组织的意义。

知识点二 城市轨道交通客运组织的特点与内容

一、城市轨道交通客运组织的特点

客运组织工作是城市轨道交通运营生产的重要组成部分，客运组织工作的质量直接反映城市轨道交通运营企业的管理水平。客运组织工作必须遵循集中领导、统一指挥的原则，控制指挥中心（OCC）负责全线的客运组织工作，车站的客运组织由中心站站长（区域站长）或值班站长负责。客运组织工作需建立健全各项工作制度，运营、乘务、维修等各部门之间密切配合，共同维护好站车秩序，完善管理工作细节，提升工作效率和服务质量。

客运组织的服务对象是乘客，所以客运组织的工作也要围绕客流展开。城市轨道交通客流在时间上具有以下特点[①]：

全日客流具有明显的早晚高峰。

周客流具有明显的分布特征，一般而言，周五的客流量最大，周末的客流量最小。

城市轨道交通年客流量具有明显的周期性和季节性。

城市轨道交通客流在节假日、大型活动日有较大的起伏。

此外，城市轨道交通客流还具有空间上的不均衡性，如上下行的客流不均衡，市区、郊区的客流不均衡，如图4-2所示。

---

① 梁柯. 基于ARMA模型的城市轨道交通客流特征分析与预测[D]. 上海：上海工程技术大学，2021.

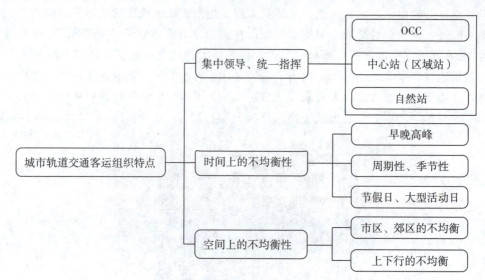

图 4-2　城市轨道交通客运组织的特点

二、城市轨道交通客运组织的基本内容

图 4-3 所示为乘坐地铁流程图，大致可分为进站、购票、进闸、候车、乘车、下车、（换乘）、出闸、出站，每一个环节都需要有序组织。

> 乘坐地铁都有哪些环节呢，在各环节中，乘客有什么需求，工作人员有哪些职责，需要用到什么设施、设备呢？

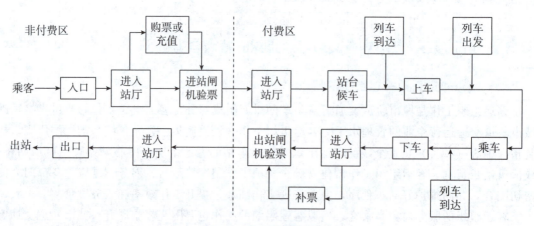

图 4-3　乘坐地铁流程图

1. 进站客流组织

进站时，需要设置引导标识引导乘客到地铁出入口。根据导向标志，通过步梯、垂直电梯或电动扶梯进入车站购票，工作人员需要留意乘客动态和设施设备状态，引导乘客进站，提醒乘客注意安全，为乘客提供咨询服务。当设施设备或乘客出现异常（摔倒、争吵、醉酒等）情况时，工作人员要及时进行处理（图 4-4）。

2. 购票客流组织

购票环节是乘客需求较多的环节，乘客需要寻找到自动售票机或售

进站客流组织

票亭购票，需要咨询票价、线路、站点，索要发票，补票，购买或充值乘车卡等服务，工作人员需要引导乘客购票，耐心回答乘客问题，必要时可用铁马、立柱、隔离条等组织乘客迂回购票，分散排队乘客，加开售票点，避免乘客过度集中（图4-5）。

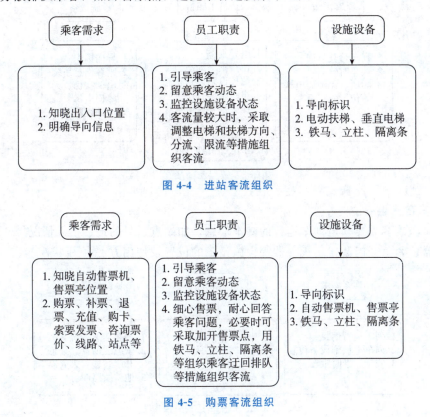

图4-4 进站客流组织

图4-5 购票客流组织

3. 进闸客流组织

乘客购票结束后，需要到进站闸机处刷卡进站，工作人员认真做好安检工作，不漏检、错检，做好引导工作，包括刷卡方式的引导、无效票等"问题票"的处理引导，组织乘客有序排队，引导乘客到客流少的闸机处入闸，必要时可对闸机方向进行调整（图4-6）。

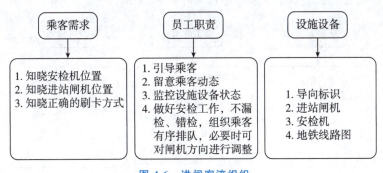

图4-6 进闸客流组织

4. 候车客流组织

乘客从站厅进站后，一般需要乘坐电梯或步行到站台候车，候车时，乘客需要明确列车的行驶方向、到发时刻、等待时分，工作人员组织乘客有序排队，要提醒乘客注意安全，提醒乘客确定好列车行驶方向，特别是客流较大时，引导乘客分散候车，必要时可调整电梯行驶方向，防止出现拥挤、踩踏等现象（图 4-7）。

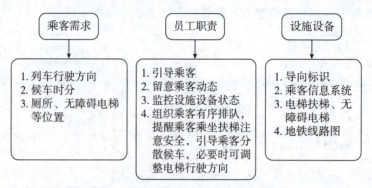

图 4-7　候车客流组织

5. 乘车客流组织

乘车时，乘客需要知道列车运行的基本信息，如站点、目的地、换乘情况等，需要知晓紧急通话器、紧急开门装置、灭火器等设施设备的位置及使用方法（图 4-8）。

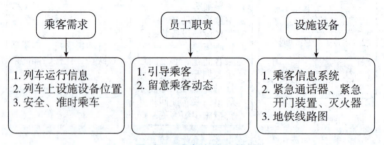

图 4-8　乘车客流组织

6. 下车客流组织

乘客根据广播或线路图信息提前走到车门处等待下车，工作人员要组织乘客先下后上、文明礼让，防止车门、屏蔽门夹人夹物，万一发生夹人夹物或危及行车安全等现象，要沉着冷静，及时、准确处理，组织下车乘客尽快离开站台（图 4-9）。

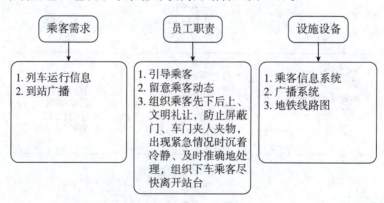

图 4-9　下车客流组织

7. 换乘客流组织

下车后，部分乘客会选择乘坐另外一条线路的轨道交通，乘客需要根据导向标志的指引到达下一个乘车点，工作人员应做好乘客换乘的引导工作，因换乘站一般客流量较大，车站结构较复杂，特别是早晚高峰时通常需要对乘客进行分流（图4-10）。

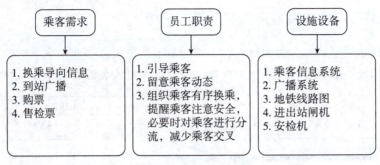

图4-10 换乘客流组织

8. 出站客流组织

下车后，部分乘客会选择出站，工作人员组织引导乘客通过楼梯、自动扶梯（或垂直电梯）进入站厅层付费区。站厅层付费区设有导向标志，付费区出站导向标志提示各出入口周边环境建筑设施、道路信息，乘客根据出站指引导向标志，选择正确的出闸方向，通过出站闸机验票出闸。乘客通过出站闸机（单程票出闸时将其回收）或人工检票出闸（人工回收），进入站厅层非付费区，站厅层非付费区设有导向标志（各个出入口周边道路、大型建筑设施、单位），通过导向标志或人工问询服务组织乘客找到所要到达目的地的出入口，经通道、出入口楼梯、自动扶梯（或垂直电梯）出站（图4-11）。

出站客流组织

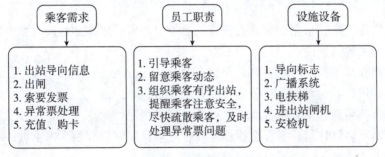

图4-11 出站客流组织

大客流情况下的客运组织

> **课内小活动**
>
> 你认为城市轨道交通换乘有哪几种换乘方式？各种换乘方式有什么异同？在组织换乘客流时，应该注意什么？请思考后上台发言。

知识点三　城市轨道交通客运组织架构

我国城市轨道交通的客运组织机构在不同的城市轨道运营企业中有一定的差别，是受其功能决定的，因此一般而言，城市轨道交通的客运组织机构大致符合图4-12所示的模式。

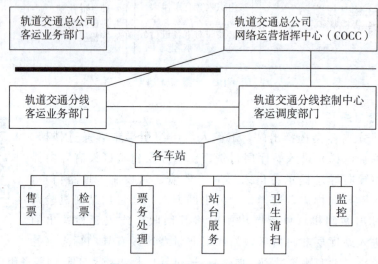

图 4-12　客运组织机构设置示意

一、轨道交通总公司客运业务部门主要工作职责

（1）制定客运规章：根据国家的有关方针政策，制定、审核和修改《城市轨道客运组织规则》及其他有关规章制度。

（2）客流调查及预测：组织客流的预测及调查。

（3）编制客运计划：编制下达公司年度客运计划。

（4）制订车票印制计划：制订城市轨道交通车票印制计划。

（5）制订列车运行计划：制订全线列车开行计划及临时加开列车的审批。

二、网络运营指挥中心（COCC）主要工作职责

（1）及时调整运营方案，增加列车密度，及时运送乘客。

（2）根据事件的性质、规模和可能造成的影响，启动应急响应，采取有效措施，防止事态恶化。

（3）发生客流爆满事件，应尽快加强与事发线路控制中心沟通，迅速作出反应，确定恢复运营的方案，协调、指挥各客运单位、各部门行车和客运组织工作，启动应急预案。

（4）对正线运营进行调整。对重点车站加开列车进行客流疏散，对可能造成的大间隔及时采取疏导措施。

（5）如遇大客流爆满发生在轨道交通换乘站，则要及时通知邻线 OCC 调度员，作好预

警，通过邻线车站控制换乘客流，及时疏导换乘站客流。

（6）通过 PIS 系统告知乘客拥堵区段，诱导乘客选择其他线路到达出行目的地。

三、分线客运业务部门主要工作职责

（1）贯彻执行运营公司下达的有关规章、命令及指示。

（2）根据运营公司下达的年度计划，编制下达本段季度计划和月计划。

（3）制定车站客运管理办法。

（4）督促各车站严格执行运行图。

（5）组织、协调各车站执行本段下达的客运计划。

（6）实施客流调查工作。

四、分线控制中心客运调度部门主要工作职责

（1）当班客调根据行调对运营计划的调整，发布非正常运营相应的信息，组织车站通过站台、站厅、列车的显示屏及广播告知乘客。

（2）配合行调的命令，对需要清客、实行反向运行的车站或列车放站、通过的车站，客调负责提前通知并敦促车站在做好广播的同时，组织起有效的客流疏导和车站服务。

（3）运营中某一车站发生大客流事件后，客调应通过短信平台及时发布相关短信，做好信息汇报；将该情况及时通知全线各站，同时各站将了解的运行信息及时向乘客发布；及时通知轨道公安分局配合、协助车站疏导客流。必要时对车站下达封站、AFC 系统降级模式等各种命令。

（4）负责对管辖线路内客流量进行实时监控，掌握客流变化情况，密切关注各换乘站的客流情况，做好统计分析工作。

五、车站主要工作职责

（1）贯彻执行公司、段（部）下达的规章、命令和指示。

（2）根据段下达的计划，努力完成客运任务。

（3）制定车站的客运管理细则、作业程序和实施措施。

（4）做好售、检票服务工作。

（5）做好相关的宣传及卫生、乘客服务工作。

客运值班员工作职责

车站是城市轨道交通的窗口，是组织客运工作最直接的块体。为了更好地服务乘客，车站安排有车站设备维保部、通信维保部、客运服务部等部门的工作人员，其中与客运组织工作最为相关的是客运服务部门。车站的客运组织工作是由中心站站长统筹、值班站长负责管理的模式，如图 4-13 所示。

车站一般设置有值班站长、行车值班员、客运值班员、站务安全员等岗位。车站管理模式采用值班站长负责制，负责当班期间车站的行车安全、客运服务、票务、环境清洁、事件处理、人员管理等工作。在值班站长的指挥下，各岗位工作人员按照岗位职责和工作流程开展工作。

站务员工作职责

> **课内小活动**
>
> 在城市轨道交通车站中，你最想做什么岗位的工作？为什么？请思考后上台发言。

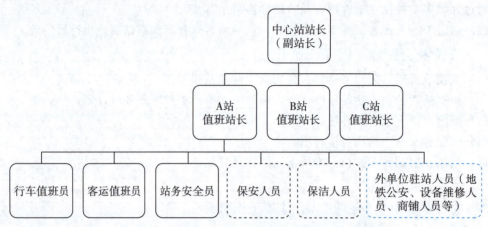

图 4-13　城市轨道交通车站客运组织管理模式示意

【任务实施】

发生火灾时的客运组织　　发生自然灾害时的客运组织　　换乘客流组织　　设备故障时的客运组织

1. 任务地点

校内实训室

2. 任务要求

任务名称：如果本教学楼是一座车站，请对学生的进出活动进行组织。

任务目的：通过对学生流动组织的规划进一步了解客运组织的项目内容。

任务内容：了解教学楼的实际情况；

　　　　　了解学生流动的情况及特点；

　　　　　完成组织方案

3. 任务分组

本任务采用分组方式进行，4~6人为一组，每个小组选出组长，负责本小组的组织协调工作，带头示范、督促、帮助其他组员完成相应工作

4. 任务步骤

（1）了解教学楼的实际情况。

（2）了解学生流动的情况及特点。

（3）完成组织方案

续表

5. 任务反思

(1) 通过任务实施，学到的新知识点有哪些？

(2) 通过任务实施，掌握的新技能点有哪些？

(3) 你对自己在本次任务中的表现是否满意？写出课后反思。

(4) 通过本次任务的交流，你了解了多少与客运组织相关的知识，对你认识城市轨道交通有什么帮助？

【任务评价】

序号	评价项目	评价内容	分值	学员互评（40%）	教师评价（60%）
1	专业能力（80分）	规划的可行性	20		
2		逻辑性和条理性	20		
3		设计的合理性	20		
4		方案的创新性	20		
5	职业素养（20分）	扎实严谨的工作作风	10		
6		精益求精的工匠精神	10		
		得分	100		
姓名		学号		总得分		评价人	

【题目评价】

二维码能够链接精品课程平台,让学生在平台完成题库作业

 【增值评价】

1.

2.

任务 4.2 城市轨道交通客运服务认知

【任务导入】

城市轨道交通客运服务的内容包含：①交通出行服务。城市轨道交通将各区域连接在一起，有助于增强社会空间的整合，为民众提供高效、准时、安全的出行服务，提高了出行的便捷性。②旅客服务。城市轨道交通提供的旅客服务包括了机场接送服务、定制化出行规划、综合指南服务等，使乘客旅途更加舒适、便捷。③安全服务。城市轨道交通为乘客提供了安全可靠的出行服务，以及及时可靠的安全护送服务。

【学习目标】

素质目标：

弘扬中华传统美德，明大德、守功德、严私德。

知识目标：

1. 认识城市轨道交通客运服务。
2. 掌握城市轨道交通客运服务的基本要求。
3. 熟悉城市轨道交通客运服务的质量与评价。

能力目标：

能够控制自己的情绪，主动热情地服务乘客。

【任务描述】

客运服务工作更加考验员工的个人能力，如服务技巧、技术技能、心理调节等，关注的是员工的个人综合能力。

【任务分析】

知识点一 认识城市轨道交通客运服务

一、城市轨道交通客运服务的特点

服务是指从事服务行业的人员为客人所做的工作，城市轨道交通客运服务是客运服务公司向乘客提供的一种无形产品，具有无形性、即时性、同时性、差异性、可靠性的特点。

1. 无形性

城市轨道交通客运服务属于无形产品，乘客在购买服务之前，看不见、摸不着、闻不到，这就要求提供服务的城市轨道交通运营企业必须增加服务的有形性，化无形为有形，尽可能地通过实物的方式表现出自身的服务水平，如整洁的车站乘车环境，有序的客流组织，清晰明确的导向标志等。

2. 即时性

即时性是指客运服务具有无法储存的特点。客运过程结束，服务也跟着结束，乘客即使

不满意也无法更换或退回服务。这样的形式，就不能像有形产品那样通过更换商品使乘客满意，从而挽回不良影响。

3. 同时性

同时性是指客运服务的生产过程和消费过程在时间和空间上同时并存、同时进行。一方面，乘客参与服务提供的过程；另一方面，乘客的参与对运营企业的服务时间、质量和设施的提供都造成了不确定性，从而给服务质量的管理和控制带来了困难。

4. 差异性

差异性是指客运服务的水准和质量因人、因时、因事而存在差异变化。客运服务人员由于年龄、性别、性格、素质和文化程度等各方面的不同，为乘客提供的客运服务也不相同。即使是同一个员工，在不同的场合、不同的时间、面对不同的乘客，其服务态度和服务方式也会有不同的表现；同时，对于乘客来说，在不同的时间也会存在服务需求上的差异。

5. 可靠性

可靠性是指准确无误地完成对乘客的承诺，避免在服务中出现差错。服务差错会给企业带来直接意义上的经济损失，更会影响企业在乘客中的信誉。认真落实轨道交通企业向乘客做出的承诺，增强服务可靠性。如果出现列车晚点、车票无效、行李丢失等服务不到位的现象，将给乘客乘车造成不必要的紧张，使服务可靠性降低，引起乘客的不满。提高服务可靠性，一定要把兑现承诺放在第一位，实现全过程、全方位的服务承诺。

二、城市轨道交通客运服务的内容

乘客从进入地铁站开始就接受服务，直到乘客到达目的站出站为止。因此乘客乘坐地铁的过程就是车站服务的过程。

一般来说，车站客运服务的基本内容主要包括进站服务、安检服务、购票充值服务、刷卡进站服务、乘客候车服务、乘客上下车服务、乘客刷卡出站服务等。按照乘客接受服务的地点，车站服务又可以划分为乘客服务中心服务、站台层服务和站厅层服务。城市轨道交通车站客运服务的基本内容如图4-14所示。

> **课内小活动**
>
> 如果你是乘客，在乘坐轨道交通时需要哪些服务？请同学思考后上台发言。

知识点二　城市轨道交通客运服务的基本要求

一、客运服务的基本要求

在服务过程中，要养成设身处地考虑服务对象的感受、利益、需求的良好服务习惯。服务意识可体现在态度、服务过程、沟通过程及服务结果等细节之中。沟通是实践问题，受对象、环境、能力和技巧的影响。良好服务意识指导下的沟通能很好地促进服务，促进与乘客关系的建立。在服务过程中，客运服务人员需仪表端庄、用语文明、服务周到、作业标准。

客运服务人员
基本要求

乘客票务服务

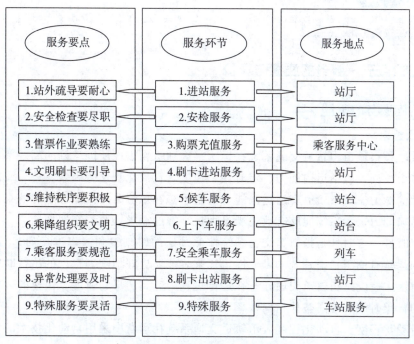

图 4-14　城市轨道交通车站客运服务的基本内容

二、客运服务技巧

1. 主动热情

主动热情服务是指服务人员即使是在乘客暂时不需要服务的时候，也要眼观六路、耳听八方，心里想着乘客、眼里看着乘客，随时做好为乘客服务的准备。

2. 控制情绪

一名优秀的车站客运服务人员，应能够善于控制自己的情绪，约束自己的情感，克制自己的举动，不能带着负面情绪上岗。无论与哪一类的乘客接触，提供服务，还是发生什么样的问题，都能够做到镇定自若，不失礼于人，不与乘客产生正面的冲突与纠纷。

3. 处变不惊

列车就是一个社会，各式各样的人都有，各种情况和突发事情都有可能随时发生，因此要求客运服务人员一定具有处变不惊的能力。

4. 语言方面

文明用语常挂嘴上，言谈诚恳、言之有物，声音大小适度、注意语速，清晰明确、有条不紊。

5. 表情方面

恰如其分的微笑，诚恳的眼神注视乘客，将对乘客的理解表现在脸上。

服务用语要求

乘客投诉处理

> **课内小活动**
>
> 为锻炼大家的表情管理能力,请同学上台演示微笑、诚恳、认真等表情。

知识点三　服务的质量与评价

一、客运服务的质量

1. 运输效率

运输效率是指城市中轨道交通系统在运输乘客和货物方面所能达到的高效率水平。这一概念涉及多个方面,包括运输能力、定时性、速度、自动化程度等因素。

(1) 运输能力。城市轨道交通运输能力是指系统在单位时间内能够承载的乘客或货物的数量。高运输能力表示系统能够有效地满足大量乘客的需求,减缓交通拥堵。

(2) 定时性。定时性是指轨道交通系统按照预定的时刻表和频率进行列车运营的程度。定时频繁的运营有助于提高系统的可靠性,让乘客能够更好地规划自己的出行时间。

(3) 速度。速度是指轨道交通列车在运行过程中达到的平均速度。快速的运行速度可以减少乘客的行程时间,提高整体运输效率。

(4) 自动化程度。自动化程度表示轨道交通系统在运营中采用自动化技术的程度。自动化技术可以提高运营的精度和效率,减少人为错误,增强系统的可控性。

城市轨道交通运输效率的提高对城市交通系统具有重要意义。它可以缓解道路交通拥堵,减少环境污染,提高城市居民的出行便利性。高效的轨道交通系统有助于城市的可持续发展,并为居民提供经济、环保、舒适的出行选择。

2. 换乘服务

城市轨道交通换乘服务是指在城市轨道交通系统中,为方便乘客在不同线路或不同交通工具之间进行顺畅换乘而提供的一系列服务和设施。这种服务旨在减少乘客在换乘过程中的不便,提高整体的交通系统效率。

(1) 站点设计。换乘服务通常包括站点设计,以确保乘客能够方便快捷地从一列车或线路换乘到另一列车或线路。站点可能设置明确的换乘通道、导向标志以及相关的导视设施,使乘客能够轻松找到正确的换乘点。

(2) 换乘信息提供。为了帮助乘客更好地规划自己的出行,城市轨道交通系统通常提供有关换乘的实时信息。其包括列车到达时间、换乘站台位置、列车运行状况等信息,以便乘客能够在最短的时间内完成换乘。

(3) 导向标志。为了引导乘客顺利换乘,交通系统会设置导向标志,包括指示牌、地图和电子显示屏等。这些标志通常清晰地显示换乘的路线和步骤,帮助乘客顺利换乘。

(4) 无障碍设施。换乘服务也要考虑有特殊需求的乘客,如老年人、残疾人等。因此,站点和车辆通常设有无障碍设施,如无障碍坡道、电梯、引导线等,以确保所有乘客都能方便地使用交通工具。

(5) 集成换乘。一些城市的交通系统实行多模式交通集成,即轨道交通与其他交通方式(如公交、自行车共享等)的衔接。这种集成换乘服务使乘客能够灵活地选择不同的交通工具出行。

总体而言，城市轨道交通换乘服务的目标是提供顺畅、高效、便捷的换乘体验，使乘客能够在不同的交通线路之间顺利换乘，减少换乘时间和不便，提高整体交通系统的可用性和用户满意度。

3. 信息服务

（1）一般信息（如运行时间、线路图、时刻表、动态提示信息、安全信息等）。

（2）必要信息（如可达性、标识标志、票务等）、非正常状态信息（如事故、故障、事件信息等）、信息交流（如投诉和建议等）。

4. 时间效率

时间效率包括运行时间、行车守时性和准时性、平时候车时间、平均换乘时间。

5. 服务设施

服务设施包括服务设施舒适性、环境条件、补充服务设施（如卫生间、通信设施、食品亭、商业和娱乐设施）等。

6. 治安与安全

治安与安全包括治安设备、事故预防、紧急情况预案和紧急响应等。

7. 运营环境

运营环境包括通风、振动与噪声、尘土和垃圾、气味、视觉、电磁辐射和干扰等。

8. 乘客关怀

乘客关怀包括向乘客提供适宜或舒适的候车和乘车环境；残疾人、儿童、老年人、体能障碍者使用的设施设备；询问、投诉和赔偿服务；相应的环境信息、客流信息；对乘客拥有的（乘车、购票等）选择权进行规定。还包括对长距离通勤乘客提供候车和乘车舒适性、对骑自行车乘客的乘车和换乘进行规定，充分考虑和关心不同乘客的需要；服务人员精神面貌、服务技能和态度及服务灵活性等。

9. 企业服务承诺

轨道交通客运服务机构应就其服务向乘客作出承诺，并通过多种方式向乘客和社会公布。出现意外情况或因为某种需要，引起服务内容变化或服务质量提高或降低时，要采用服务声明向乘客公示或向社会公布。

二、服务评价

服务质量的好坏主要由服务评价来体现。一般来说，服务评价包括行车服务评价、客运服务评价、设施设备服务评价及乘客的主体评价（图4-15）。

1. 行车服务评价

（1）准点率。准点率是指准点列车次数与全部开行列车次数之比，用以表示运营列车按规定时间准点运行的程度。

凡按运行图图定的时间运行，早或晚不超过规定时间界限的为准点列车，准点的时间界限是指终点到站时间误差小于或等于 2 min（市域快线轨道交通系统除外）；市域快线轨道交通系统准点的时间界限是指终点到站时间误差小于或等于 3 min。

（2）列车运行图兑现率。列车运行图兑现率是指实际开行列车数与运行图图定开行列车数之比。实际开行列车数中不包括临时加开的列车数。

（3）列车拥挤度。列车拥挤度是指线路高峰小时平均断面客运量与线路实际运输能力之

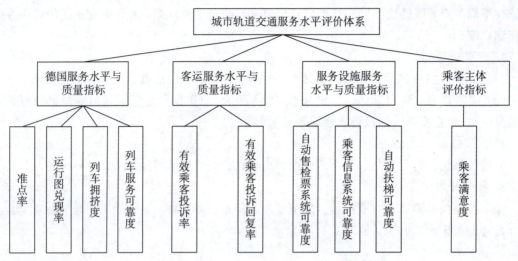

图 4-15 城市轨道交通服务水平评价体系

比,线路实际运输能力为列车定员和线路高峰小时发车量的乘积。

(4) 列车服务可靠度。列车服务可靠度是指列车行走多少千米才遇到一次 5 min 或以上的延误,数值越大,表明可靠性越高。

2. 客运服务评价

(1) 有效乘客投诉率。有效乘客投诉率是指有效乘客投诉次数与客运量之比。

(2) 有效乘客投诉回复率。有效乘客投诉回复率是指已经回复的有效乘客投诉次数与有效乘客投诉次数之比。有效乘客投诉是指在接到投诉之日起,7 个工作日内回复的投诉。

3. 设施设备服务评价

(1) 自动售检票系统可靠度。

1) 售票机可靠度是指售票机实际服务时间与售票机应服务时间之比。实际服务时间包括正常的加票和加币时间。

2) 进出站闸机可靠度是指进出站闸机实际服务时间与应服务时间之比。

(2) 自动扶梯可靠度。自动扶梯可靠度是指自动扶梯实际服务时间与应服务时间之比。

(3) 乘客信息系统可靠度。

1) 车站乘客信息系统可靠度是指车站乘客信息系统实际服务时间与应服务时间之比。

2) 列车乘客信息系统可靠度是指列车乘客信息系统实际服务时间与应服务时间之比。

4. 乘客满意度评价

乘客对服务的反馈是服务评价最直接、最有效的评价方式,行车、客运及设施设备服务评价都可以从乘客的主观感受中体现。乘客满意度调查可采用问卷调查、现场访谈等方式。

> **课内小活动**
>
> 在站务人员的日常工作中,很多情况下都需要为乘客指路,那么为乘客指示方向的姿势有哪些注意事项呢?让我们一起来练一练。

【任务实施】

客服中心——售票、充值、异常票务处理

单个站台门不能开门故障处理实操考核评估

1. 任务地点

校内实训室

2. 任务要求

任务名称：情景模拟——客运服务场景。

任务目的：通过模拟服务使得学生对客运服务有更加深入的理解。

任务内容：某日，客流高峰期，乘客非常多，车门即将关闭的提示音已经响起，一位乘客企图冲上车，被一位站务员拦住了（因为站务员觉得很危险，拽了这个乘客一下，可能是弄痛了乘客）。这位乘客非常气愤，直接就骂了句粗话，说："你以为你是谁啊，你凭什么拉我，弄伤了你负责啊，……"站务员态度也不是很好："你没看见车门关上了呀，……"两个人争吵了起来……我们应该如何做好服务工作？

3. 任务分组

本任务采用分组方式进行，4～6人为一组，每个小组选出组长，负责本小组的组织协调工作，带头示范、督促，帮助其他组员完成相应工作

4. 任务步骤

（1）请分析站务员和乘客发生争吵的主要原因。

（2）站务员的做法对不对？如果不对，请给出建议。

（3）请从乘客需求、工作人员职责及设施设备三方面阐述乘客在候车及上车时的客运组织

5. 任务反思

（1）通过任务实施，学到的新知识点有哪些？

（2）通过任务实施，掌握的新技能点有哪些？

（3）你对自己在本次任务中的表现是否满意？写出课后反思。

（4）通过本次任务中的交流，你觉得应该如何做好服务工作？

【任务评价】

序号	评价项目	评价内容	分值	学员互评（40%）	教师评价（60%）
1	专业能力（70分）	服务内容完整性和合理性	10		
2		服务的标准性	10		
3		服务用语使用准确性	10		
4		服务的创新性与亮点	20		
5		是否激发观众的兴趣和参与度	20		
6	职业素养（30分）	责任意识、工作态度端正	5		
7		团队合作意识、互相协作良好	10		
8		扎实严谨的工作作风	5		
9		精益求精的工匠精神	10		
得分			100		
姓名		学号	总得分	评价人	

 【题目评价】

二维码能够链接精品课程平台，让学生在平台完成题库作业

 【增值评价】

1.

2.

【补充材料】

轨道交通线路上的风景——值班站长

（素材源于重庆轨道交通集团）
车站里的值班站长是做什么的呀？
什么事情都要做
是不是只要坐在办公室里就行？
当然不是，要做的事情可多了
具体做了哪些呢？
这……
值班站长就是一个车站的"大家长"
有句话说得好
宇宙不爆炸，值班站长不放假
值班站长的工作时间为三班制
早班、中班和休班轮转
值班站长在工作时间内负责车站管理
监督、安排及记录车站所有有关客运服务工作

班前：测温、发放防疫物资、开班前会、组织学习近期重要文件精神、强调近期重点工作等
班中：定时测温、消毒、巡查车站安全隐患、填写各类台账、清点每日票款、车站客运组织、车站物资盘点等工作
班后：组织开展班后会，对班中相关工作、事件进行总结等
说了这么多，你们可能要说了
值班站长怎么什么都会做呀？
因为只有当自身各项业务都掌握并且精通，才能担当得起这一职位的重担
不信往下看看他们有多"全能"（图4-16）

图4-16 "全能"的值班站长

图 4-16 "全能"的值班站长（续）

"有困难找值班站长"
这可不是一句空话
值班站长是车站的"孙悟空"
十八般武艺样样精通
是乘客们的"哆啦A梦"
需要什么就有什么
是车站员工们的"百科全书"
解答一切工作上的"疑难杂症"
他们就是轨道交通线路上的风景

模块 5

行车组织——准点运行、保障有力

 模块介绍

  城市轨道交通行车组织是指运营单位按照规定的行车计划，组织、协调、控制列车、车辆基地、车站等行车设施设备和人员，保障列车安全、准时、高效地运行。城市轨道交通行车组织的内容主要包括合理制订行车计划，确保各设施设备系统兼容协调，建立行车指标统计分析制度，确定行车指挥层级，规定行车组织方法，发布行车调度命令等。

任务 5.1　认识城市轨道交通行车组织

【任务导入】

城市轨道交通行车组织主要内容包括城市轨道交通行车组织概述、行车组织基础、列车自动控制系统、车站行车作业组织、车辆基地作业组织、行车调度工作、正常情况下的行车组织、非正常情况下的行车组织、救援列车与工程车的开行、行车事故处理及预防。

【学习目标】

素质目标：
1. 培养对城市轨道交通行车组织工作的兴趣。
2. 培养对新知识和新技术的学习能力。
3. 培养系统观念，结合宏观和微观情况分析问题的能力。

知识目标：
1. 掌握城市轨道交通行车组织的概念。
2. 熟知城市轨道交通行车组织的必要性。
3. 了解城市轨道交通行车组织的特点。
4. 了解城市轨道交通行车组织的基本内容。
5. 掌握城市轨道交通对行车组织的要求。

能力目标：
1. 能够说出城市轨道交通行车组织的重要概念。
2. 能够归纳出城市轨道交通行车组织的岗位职责与要求。

【任务描述】

行车组织是城市轨道交通运营过程中非常重要的环节之一，我们应该如何运用系统观念去看待相关工作？

行车组织

【任务分析】

知识点一　城市轨道交通行车组织的概念

城市轨道交通行车组织是指在运输生产过程中，为完成乘客的输送任务而进行的一系列与列车运行有关的工作。涵盖了车辆段调车和接发列车作业、车站的接发列车和折返作业，涉及多专业、多工种的协调配合。掌握城市轨道交通行车组织相关概念是完成这项复杂工作的前提和基础。

【案例 5-1】

成都地铁调度员春节的一天：专司其职　精准调度

地铁调度员，大家既熟悉又陌生——他们是地铁列车运行的指挥官，同时也是列车安全运行的守护者。在成都地铁，调度有四个工种——行车调度员、电环调度员、维修调度员、信息调度员。春节放假期间，成都地铁在调度前线指挥列车、协调施工、监控设备、信息收发的各岗位调度员各司其职，坚守如初。对于他们而言，10多个小时的值班意味着不能和家人团圆，只能对着监控大屏与设备为伴、与安全相随（图5-1）。他们当中，有坚守过数次春节的"老调度"，也有初次在春节坚守的新员工。他们如平常一样专注工作着，虽然无法及时与家人相聚，却守护着无数人的回家路。

大年初五凌晨5点06分，坚守在中环调度大厅的行车调度员发出了第一条列车发车命令。在他的调度指令下，7号线首列车缓缓驶出车辆段，开始了当天的第一次运行。

2023年是中环控制中心行车调度员李某在成都地铁的第八个年头，他说："每年的春节都是这样度过的，日复一日，年复一年，就是这样'不厌其烦'地重复着，家里人也支持理解我的工作，但少有机会能赶在除夕之夜和家人团聚，也是一种遗憾。"

李某每天的工作是监控地铁7号线的行车组织情况。7号线作为成都首条环形线路，串联起了成都三大铁路枢纽及10号线的市区起点站，这样的行车组织压力甚至有时让他顾不得喝上一口水，但他却说："虽然无法及时与家人相聚，却守护着无数人回家，我为我的岗位骄傲。"

图 5-1　成都地铁调度员

查一查：查阅资料，掌握列车运行图、车辆段调车、接发车作业等相关概念；了解行车组织最重要的岗位调度员，他们一天需要做的工作有什么？

知识点二　城市轨道交通行车组织的必要性

行车组织是城市轨道交通调度指挥和运营的关键工作，是保证城市轨道交通系统安全、高效的重要因素。

城市轨道交通行车组织是各岗位密切合作，共同完成对乘客的运输任务，是城市轨道交通运营的根本。

城市轨道交通行车组织是城市轨道交通运营中非常重要的环节，是运营一线各岗位必须掌握的一门核心技术。

【案例 5-2】

郑州地铁 5 号线地铁被淹事故

很多人都没有想到雨会下这么大。从 2021 年 7 月 17 日开始，郑州出现罕见的大降雨。数据显示，郑州单日降雨量突破历史极值（建站以来），单小时降雨量超过日历史极值。17—19 日 3 天郑州的降雨量，接近常年一年的降雨量。道路上有车辆被大水掀翻，不少楼的一楼也被大水倒灌。列车停运，公共交通受阻，不少人被挡在了回家的路上。

7 月 20 日，郑州地铁 5 号线五龙口停车场及其周边区域发生严重积水现象。当日 18 时许，积水冲垮出入场线挡水墙进入正线区间，造成郑州地铁 5 号线列车在海滩寺街站和沙口路站隧道内停运。暴雨雨水倒灌入地下隧道和 5 号线列车内，乘客困于车厢中。其间，不断有 5 号线列车内的消息及视频传出，车厢内水漫至胸部乃至头部。

救援人员接到群众报警后迅速抵达现场。截止到 7 月 21 日 3 时 10 分，地铁隧道内被困人员已全部转移至安全地带。根据官方数据，此次事件共疏散群众 500 余人，其中 12 人经抢救无效死亡，5 人受伤送医。

查一查：请查找上述案例的详细资料，说说行车组织的意义；如果你是一名行车调度员，在面临上述事件时你会怎么做？

素质提升：作为一名"城市轨道交通人"，你会从哪些方面确保城市轨道交通行车组织安全？

知识点三　城市轨道交通行车组织工作的主要内容

列车行车组织首先应确定列车运行的最小行车间隔时间、停站时间、折返方式与折返时间、列车运行速度等，在此基础上制定列车编组、车辆配备计划和列车运行图，由调度所（控制室）代表公司执行日常的行车调度指挥工作。实行集中统一指挥，要求各环节紧密配合，协同动作，从而保证安全、均衡、有效地完成旅客运输任务。

接发列车的组织工作是在严格遵守城市轨道交通技术管理规则、车站行车组织细则等有关规定的情况下，按一定程序进行的一系列接发列车作业，由车站值班员统一指挥。

【案例 5-3】

我为群众办实事——贵阳地铁行车组织进行优化调整

自 2021 年 7 月 22 日起，贵阳轨道集团对 1、2 号线行车组织进行优化调整，进一步提升运营服务水平。

优化一：2 号线早、晚高峰期间行车间隔缩短。

贵阳地铁进入换乘时代以来，安全、准点、便捷的地铁出行受到越来越多市民的青睐。

随着 2 号线客流稳步上升，为切实提升服务质量，贵阳轨道在 2 号线早、晚高峰时段各增加两列上线使用列车，行车间隔由原来 6 分 50 秒压缩至 6 分 20 秒，高峰时段服务水平进一步提升。

优化二：1 号线早高峰持续时段延长。

双线运营以来，1 号线高峰期持续时间略有延长，为此，将 1 号线早高峰时段结束时间从原来的 8：30 延长至 9：00，进一步满足广大乘客上班通勤需求。

优化三：2 号线列车停站时间分配更合理。

2 号线开通初期运营时，各站停站时间设置主要参考第三方机构的客流预测报告，通过近 3 个月对 2 号线各站乘降客流的深入统计分析，优化调整了部分车站停站时间分配，如白云中路站、金阳医院站、阳明祠站等客流较大的站点适当增加列车停站时间，合理缩减个别客流较小站点的停站时间，总体上不影响列车开行速度。

优化四：工作日高峰期林城西路站换乘更便捷。

林城西路站为"十字"换乘站，通过人为控制 1、2 号线主换乘客流方向列车在高峰期的到站时序，能够提升乘客的换乘体验。对林城西路站工作日早、晚高峰换乘客流进行分析：工作日早高峰时段，林城西路站大部分乘客换乘需求为从 2 号线上、下行两个方向换至 1 号线下行（即开往小孟工业园方向），优化后该方向换乘效率提升约 40.3%；晚高峰时段主要换乘需求为从 1 号线上行（即开往窦官方向）换至 2 号线上、下行两个方向，优化后该方向换乘效率提升约 46.7%；同时，其他方向换乘效率也有不同程度提升。大部分乘客换乘等待时间将进一步缩短，换乘效率进一步提升。

查一查：结合案例，说一说地铁行车组织的优化包括哪些方面。

素质提升：作为一名"城市轨道交通人"，地铁行车组织突出"以人为本"的中心，从广大乘客利益出发，坚持服务群众无小事，切实增强市民地铁出行的安全感、获得感和幸福感。

知识点四　城市轨道交通行车组织的特点

1. 具有完善的列车速度监控功能

城市轨道交通所承担的客运量巨大，对行车间隔的要求远高于干线铁路，最短行车间隔达到 90 s 甚至更短，因此对列车运行速度监控的要求极高（图 5-2）。

2. 联锁关系较简单，但技术要求高

城市轨道交通的大多数车站没有配线，不设道岔，甚至也不设地面信号机，仅在少数有道岔联锁站，以及车辆段才设置道岔和地面信号机，故联锁设备的监控对象远少于铁路车站的监控对象，联锁关系远没有铁路复杂。除折返站外全部作业仅为旅客乘降，非常简单，通常一个控制中心即可实现全线的联锁功能。

城市轨道交通联锁主要是指信号与设备之间的制约关系，针对城市轨道交通行车组织而言，主要是指行车信号。道岔与进路之间的相互制约关系称为联锁关系，简称联锁。

列车必须依据信号的显示行车，若进路上有列车占用或存在敌对进路，或道岔位置不正确，有关信号机就不能开放；信号开放后，其所防护的进路不能变动。

尽管联锁关系较简单，但技术要求很高。要实现上述的联锁关系，除了对应的逻辑处理运算外，还需要轨道及多种轨旁设备向列车实时提供准确可靠的信息，以确保人机会话层

（控制台）、联锁层（联锁机构）和监控层（信号、道岔、轨道）能够安全高效地进行信息交互。

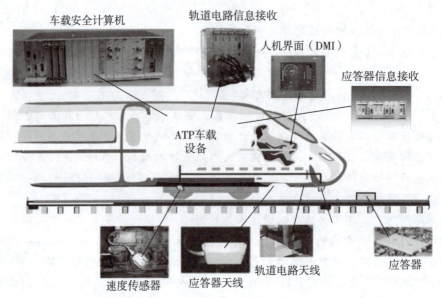

图 5-2 城市轨道交通列车运行控制系统部分示意

3. 车辆段独立采用联锁设备

城市轨道交通的车辆段类似于铁路区段站的功能，包括列车编解、接发车作业和频繁的调车作业，道路、信号及线路较多，一般具有独立的联锁设备（图 5-3）。

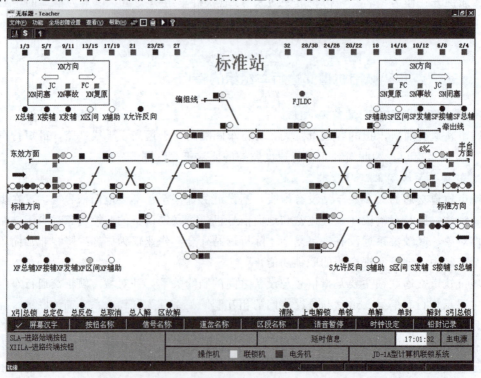

图 5-3 车辆段微机联锁系统界面

知识点五　城市轨道交通行车组织的要求

城市轨道交通，尤其是地下轨道，因其固有的特点，对行车组织提出如下要求。

1. 安全性要求高

因城市轨道交通，尤其是地下部分隧道，空间小，行车密度大，故障排除难度大，若发生事故难以救援，损失将非常严重，所以对行车安全的保证，即对行车组织提出了更高的安全要求。

2. 通过能力大

城市轨道交通一般不设站线，进站列车均停在正线上，先行列车停站时间直接影响后续列车接近车站，所以信号设备必须满足通过能力的要求。另外，不设站线使列车正常运行的顺序是固定的，有利于实现行车调度自动化。

3. 保证信号显示

城市轨道交通虽然地面信号机少，地下部分背景暗且不受天气影响，直线地下段瞭望条件好，但曲线地下段受隧道壁的遮挡，信号显示距离受到限制，所以保证信号显示也是一个重要要求。

4. 可靠性高

由于城市轨道交通隧道净空小，而且装有带电的接触网，行车时不便于维修和排除设备故障，所以要求信号设备具有高可靠性，应尽量做到平时不维修或少维修。

5. 自动化程度高

城市轨道交通站间距短，列车密度大，行车工作十分频繁，而且地下部分环境潮湿，空气不佳，没有阳光，工作条件差，所以要求尽量采用自动化程度高的先进技术设备，以减少人工成本，并减轻员工的劳动强度。

6. 限界条件苛刻

城市轨道交通的室外设备及车载设备，受土建限界的制约，要求设备体积小，同时必须兼顾施工和维护作业空间。

【任务实施】

1. 任务地点
校内实训室

2. 任务要求
任务名称：根据材料完成任务。
任务目的：认识城市轨道交通行车组织。
任务内容：(1) 结合材料，说说城市轨道交通行车组织的要求和特点。
　　　　　(2) 结合本任务所学知识，谈谈对城市轨道交通行车工作的认知

3. 任务分组
本任务采用分组方式进行，4~6人为一组，每个小组选出组长，负责本小组的组织协调工作，带头示范、督促、帮助其他组员完成相应工作

续表

4. 任务步骤

根据材料完成本次活动。

轨道交通联锁的发展

车站联锁从 1856 年英格兰的布列克勒叶·阿姆斯（Bricklayer Arms）车站装设由萨克斯倍（Saxby）首创的萨式联锁机开始，至今已有 100 多年的历史，经历了机械联锁、电机联锁、电气联锁、电气集中联锁、计算机联锁的发展过程。

随着科学技术的进步，旧的联锁设备不断被安全可靠性更高、操纵和维护更简单、技术更先进的联锁设备代替。从发展角度来看，计算机联锁是发展的方向；从经济角度来看，电气集中联锁在相当长的一段时间内仍被广泛采用。

中国使用的联锁设备按操纵的方式可以分为集中联锁和非集中联锁，按主要设备工作方式的不同可分为电锁器联锁、继电联锁和计算机联锁。

讨论：请大家讨论一下联锁在铁路系统中的重要性

5. 任务反思

（1）通过任务实施，学到的新知识点有哪些？

（2）通过任务实施，掌握的新技能点有哪些？

（3）你对自己在本次任务中的表现是否满意？写出课后反思。

（4）通过本次任务的交流，对你认识城市轨道交通有什么帮助？

【任务评价】

序号	评价项目	评价内容	分值	学员互评（40%）	教师评价（60%）
1	专业能力（70分）	能够说出城市轨道交通行车组织的重要概念	10		
2		能够归纳出城市轨道交通行车组织的岗位职责与要求	10		
3		准确描述城市轨道交通行车组织的必要性	15		
4		简要说出城市轨道交通行车组织的特点	10		
5		简要说出城市轨道交通行车组织的基本内容	10		
6		准确描述城市轨道交通对行车组织的要求	15		
7	职业素养（30分）	对行车组织工作的兴趣	10		
8		对新知识和新技术的学习能力	10		
9		沟通协调能力	10		
得分			100		
姓名		学号	总得分	评价人	

【题目评价】

二维码能够链接精品课程平台，让学生在平台完成题库作业

【增值评价】

1.

2.

任务 5.2　城市轨道交通列车运行组织探索

【任务导入】

城市轨道交通列车运行组织内容包括：在基本列车运行图中编制出早、晚客流高峰时段密集开行列车的阶段运行计划；编制出周日、节假日、春运等时间段的列车运行图，以便最大限度地满足城市人口对轨道交通出行的各种需要。

【学习目标】

素质目标：
1. 培养坚持守正创新、以科学的态度对待科学的精神。
2. 培养爱国主义、爱岗敬业精神。

知识目标：
1. 理解列车运行计划的确定。
2. 掌握列车运行图的基础知识与编写方法，能识别列车运行图，会看会编列车运行图。
3. 熟悉列车运行调度指挥的基础知识、拟发要求及方法。
4. 理解行车指挥自动化、调度集中、调度监督下的行车组织方法。

能力目标：
1. 能根据相关资料确定列车运行计划。
2. 能正确识别列车运行图，会看会编列车运行图。
3. 能根据列车运行的状态与条件判定列车需要调整。
4. 能区别行车指挥自动化、调度集中、调度监督下的列车运行组织方法。

【任务描述】

列车运行计划是怎么编制的？列车运行计划的重要性有哪些？

【任务分析】

城市轨道交通
运输计划

知识点一　列车运行计划确定

【案例 5-4】

作为行车调度员，需要在熟悉列车运行基本要素的前提下，能够根据收集到的基础资料和数据，合理地编制列车开行计划。某日，行车调度员小 A 接到上级任务，需要为某条即将开通运营的线路做准备，即需要确定列车全日开行计划、列车开行方案和车辆运用和配备计划，请列出需要收集的各项资料清单，并说明应该如何获得及其用途是什么。

轨道交通列车的开行是一个系统工程，为了保证列车安全、快速、有序地运行，必须做好有关列车的运行组织工作。列车开行计划是运营组织的基础，列车运行组织首先应确定列车运行的最小行车间隔时间、停站时间、折返方式与时间、列车运行速度等，在此基础上制定列车编组、车辆配备计划和列车运行图，由控制中心执行日常的运营调度指挥工作，实行集中统一指挥，要求各环节紧密配合、协同动作，从而保证安全、均衡、有效地完成乘客运输任务。

列车开行计划由全日行车计划、列车开行方案、列车运行图和车辆配备与运用计划组成，主要是根据客流特征计算列车开行数、确定列车交路。全日行车计划是指运营时间内各个小时开行的计划列车数，是编制列车运行图和确定车辆运用的基础资料。编制依据主要有小时最大断面客流量、列车定员人数和车辆满载率，以及希望达到的服务水平等。

一、全日行车计划

1. 编制资料

（1）运营时间。运营时间主要取决于两个主要因素：一个是市民出行活动的特点，方便乘客；另一个是满足轨道交通各项设备检修施工的需要。世界上大多数城市轨道交通的运营时间为 18~20 h，个别运营时间为 24 h（如纽约、芝加哥等）。适当延长运营时间是城市轨道交通提高服务水平的体现。

（2）小时最大断面客流量。站间 OD 客流数据是计算小时最大断面客流量的原始资料。根据某时段站间 OD 客流数据，首先计算出各站上下车人数，再计算出断面客流量，然后得到最大断面客流量，最后根据分时客流占全日客流的比例确定小时最大断面客流量。在新线投入运营时，站间 OD 客流数据来源于客流预测资料，通常只有高峰小时与全日站间 OD 客流预测数据。

（3）列车定员数。列车定员数取决于车辆的尺寸、车辆内座位布置方式和车门设置数。车辆长度尺寸越大，载客越多，车厢内座位纵向布置比横向布置载客要多。

（4）线路断面满载率。线路断面满载率是指单位时间内，特定断面上的车辆载客能力利用率，通常是指高峰小时、单向最大客流断面的车辆载客能力利用率。这一指标既反映了列车在最大客流断面的满载程度，也反映了乘车的舒适度。为提高车辆利用率，降低运营成本，高峰小时可适当超载。

2. 编制步骤

全日行车计划包括各小时列车开行数和全日列车开行数，列车开行数是根据客流量来确定的。编制时，首先要通过小时客流量来确定各小时列车开行数，再根据各小时列车开行数来确定全日列车开行数。

（1）小时列车开行数。小时列车开行数是根据小时内最大客流方向的最大客流区间的客流量确定的。因为上下行列车是成对开行的，列车开行只要能满足小时内最大客流方向的最大客流区间的客流量运输需求，同时就能满足另一个方向及各区间的客流运输需求。

（2）全日列车开行数。全日列车开行数是根据小时列车开行数或全日最大客流断面区间客流量来确定的。

二、列车开行方案

列车开行方案包括列车编组方案、列车交路方案和列车停站方案三部分。列车编组方案规定了列车是固定编组还是非固定编组，以及列车的编组辆数；列车交路方案规定了列车的运行区段与折返车站；列车停站方案规定了列车是站站停车还是非站站停车，以及非站站停车方式。此外，列车开行方案还规定了按不同编组、交路和停站方案开行的列车数。

列车开行方案的比选遵循兼顾客流分布特征与运营经济合理的原则，以达到既能维持较高的乘客服务水平,又能提高车辆运用效率的目的。

三、列车交路方案

列车交路是指列车在规定的运行线路上往返运行的方式,它规定了列车运行区段、折返车站及按不同交路运行的列车对数。城市轨道交通线路作为城市公共交通整体网络中的骨架线路,具有线路长、列车运行速度快、沿线断面客流量不均衡、客流断点明显等特点。因此,采用不同列车交路相结合的列车运行方式,能使行车组织做到经济合理。列车交路分为长交路、短交路和长短结合交路三种(图5-4)。

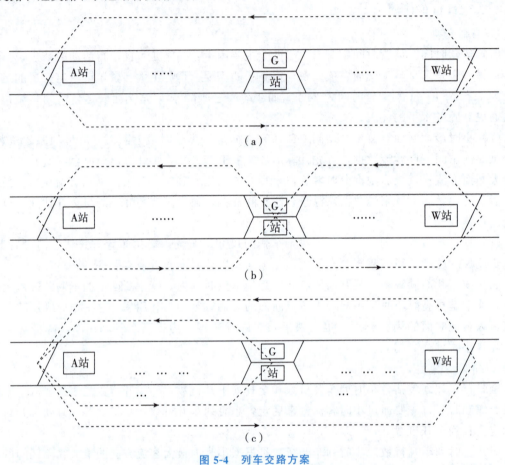

图 5-4　列车交路方案
(a) 长交路; (b) 短交路; (c) 长短结合交路

列车交路计划是指根据运营组织的要求和运营条件的变化,按列车运行图或行车调度指挥的要求,列车在规定的区间运行、折返的运行计划。

通常情况下,城市轨道交通都采用长交路的列车运行方式;而长短结合交路的列车运行方式则是在全线某一端的半程客流较大又比较集中,同时折返中间站又具备折返设备时采用,长短结合交路的采用可降低运输成本、提高车组的利用率;短交路一般不单独采用,除非在城市轨道交通某线路中部的某处由于某种原因不能通车,而在不能通车地点的两边车站又具有折返条件的情况下,为了维持通车才单独采用短交路。

四、列车停站方案

列车停站种类主要有站站停车、区段停车、部分列车跨多站停车三种。

1. 站站停车

站站停车是指列车在全线所有车站均按规定时间停车。与非站站停车相比，站站停车线路上开行的列车种类简单，不存在列车越行，乘客无须换乘，也无须关注站台上的列车信息显示。在跨区段、长距离、出行乘客比例较大时，站站停车在车辆运用与乘客服务水平方面均未达到最佳状态。

2. 区段停车

区段停车在长短结合交路时采用，长交路列车在短交路区段外每站停车，但在短交路区段内不停车通过；而短交路列车在短交路区段内每站停车，短交路列车的中间折返站同时也是换乘站。

3. 部分列车跨多站停车

线路上开行两类长交路列车，即普速、站站停列车和快速、跨多站停列车。快速列车只在线路上的主要客流集散站停车，而在其他站不停站通过。

知识点二 列车运行图编制

列车要实现安全、正点，必须按图行车，因此编制一张经济合理的列车运行图，对充分利用轨道交通设备的能力，满足各时期、各时段乘客运输的需要，使运能与运量很好地结合，既能满足乘客出行的需要，又能使企业获得最佳的经济效益，具有重要的意义。

列车运行图不仅是列车运行组织的基础，也是各业务部门工作的共同依据，是列车运行的综合计划。

列车运行图是利用坐标系原理表示列车运行的一种图解形式，它是表示列车在各站和区间运行状态的二维线条图，能直观地显示各次列车在时间和空间上的相互位置和对应关系。

思考：图 5-5 所示的列车运行图中包括哪些要素？能看出哪些信息？

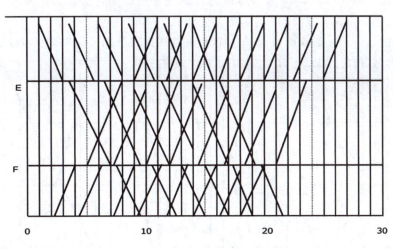

图 5-5 列车运行图

1. 列车运行图的含义

（1）横坐标。横坐标表示时间，按要求用一定的比例进行时间划分。

（2）纵坐标。纵坐标表示距离，根据区间实际里程，采用规定的比例，以车站中心线所在位置进行划分。

（3）垂直线。垂直线是一簇平行的等分线，表示时间等分段。

（4）水平线。水平线是一簇平行的不等分线，表示各个车站中心线的位置，一般称作站名线。

2. 列车运行图的作用

列车运行图规定了各次列车占用区间的顺序，在每个车站到达、出发或通过时刻，列车在区间运行时间，以及列车在车站的停站时间和在折返站折返所需的时间等。它能直观地显示列车在时间和空间上的关系，以及列车在各区间的运行和在各车站停车或通过的状态。

3. 列车运行图的分类

（1）按时间刻度不同分类。

1）一分格运行图。其横轴以 1 min 为单位用竖线进行等分。这种运行图主要用于地铁、轻轨上。

2）二分格运行图。其横轴以 2 min 为单位用竖线进行等分。这种运行图主要用于市郊轨道交通线路中。

3）十分格运行图。其横轴以 10 min 为单位用竖线进行等分，并且在运行图上需标注 10 min 以下的数字。这种运行图主要用于轨道交通运输企业。

4）小时格运行图。其横轴以 1 h 为单位用竖线进行等分，并且在运行图上需标注 60 min 以下的数字。这种运行图主要用于编制铁路乘客列车方案图、机车周转图。

（2）按区间正线运行数目不同分类。

1）单线运行图［图 5-6(a)］。在单线区段采用的运行图，上、下行列车都在同一正线上运行，两个方向的列车必须在车站进行交会。

2）双线运行图［图 5-6(b)］。在双线区段采用的运行图，上、下行方向的列车分别在各自的正线上运行，两个方向的列车运行互不干扰。

3）单双线运行图［图 5-6(c)］。单线区段和双线区段分别按照单线和双线运行图的特点

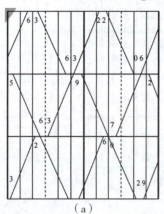
(a)
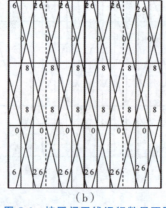
(b)
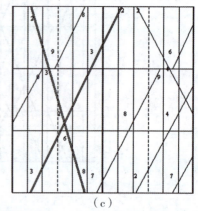
(c)

图 5-6　按区间正线运行数目不同分类

(a) 单线运行图；(b) 双线运行图；(c) 单双线运行图

铺画运行图,单双线运行图兼有单线运行图和双线运行图的特征。

(3) 按列车运行速度不同分类。

1) 平行运行图 [图 5-7(a)]。在同一区段内,同一方向的列车运行速度相同,因此运行图中列车运行线是相互平行的,并且在该区段内列车无越行。

2) 非平行运行图 [图 5-7(b)]。列车运行图中铺画有不同运行速度和不同类型的列车,因此运行图中列车运行线是相互不平行的。

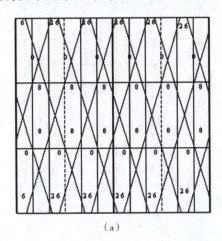 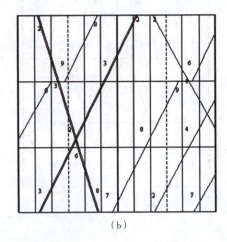

图 5-7 按列车运行速度不同分类

(a) 平行运行图;(b) 非平行运行图

(4) 按上、下行列车数量不同分类。

1) 成对运行图 [图 5-8(a)]。成对运行图中上、下行两个方向列车数量是相等的。

2) 不成对运行图 [图 5-8(b)]。不成对运行图中上、下行两个方向列车数量是不相等的。

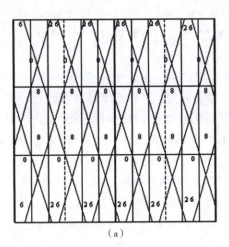 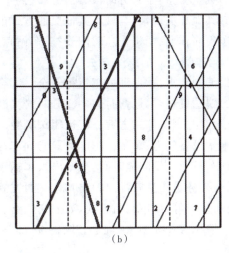

图 5-8 按上、下列车数量不同分类

(a) 成对运行图;(b) 不成对运行图

(5) 按列车运行方式不同分类。

1) 连发运行图 [图 5-9(a)]。在这种运行图中,同方向列车的运行是以站间区间为间隔的。

2) 追踪运行图 [图 5-9(b)]。在这种运行图中,同方向列车的运行是以闭塞分区为间隔的,一个站间区间内允许几列同向列车同时运行。

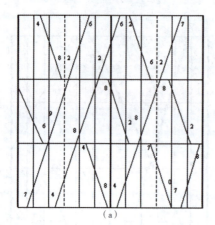 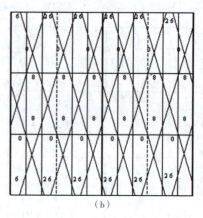

图 5-9　按列车运行方式不同分类
(a)连发运行图;(b)追踪运行图

4. 列车运行图的基本要素

根据列车运行图的特殊性,可以将列车运行图分为不同的种类。而列车运行图的共性是组成列车运行图的各项基本要素。这些要素的实质就是把列车的运行过程按空间或时间上衔接的特征划分为若干单项作业。在编制列车运行图之前,首先要确定这些基本要素。

(1) 时间要素:区间运行时分、列车停站时分、折返时分、追踪列车间隔时间、调车时分。

(2) 数量要素:全天分时段客流分布、列车满载率、出入库能力、列车最大载客量。

(3) 其他相关因素:与城市其他交通方式的衔接、与其他城市公共设施的衔接、列车试车作业、列车检修作业、司机作息时间安排、车站存车能力、投运列车数量。

5. 列车运行图的编制方法

(1) 编制要求:①保证列车运行安全。②合理运用设备。③方便乘客。

(2) 编图资料:①运营时间。②分时最大断面客流量。③全日行车计划、列车编组方案、列车交路方案与列车停站方案。④运用车辆数。⑤线路通过能力、列车折返能力、列车出入段能力、换乘站设备能力、车站存车能力。⑥列车区间运行时分、列车停站时间、列车在折返站停留时间、列车折返出发间隔时间、列车出入车辆段作业时间、追踪列车间隔时间。⑦列检、列车上线调试与乘务员作息安排。⑧与其他交通方式的衔接,包括大交通系统,如铁路、港口、机场、公路交通枢纽等;城市交通方式,如公交线路、自行车停放、其他车辆停放等。

(3) 编图步骤(图 5-10):①编图资料整理。②相关方案与具体量的确定。③编图。④报批。

(4) 运行图铺画:第一步是编制列车运行方案,着重解决列车运行图的全面布局问题。第二步是铺画列车运行详图,即详细规定每一列列车在各个车站上的到达、出发或通过时刻。在铺画列车运行图前,首先应确定车站中心线的位置。

(1)根据编图要求与编图目标确定编图注意事项。(2)收集编图资料,对有关问题组织调查研究和试验。(3)修订运行图,应总结分析现行列车运行图的完成情况和存在的问题,提出改进意见。

(1)编制列车运行方案,确定全日行车计划,计算所需运行列车数量等。(2)征求车站、车辆部门对列车运行方案的意见,并进行必要的调整。

(1)根据列车运行方案铺画详细的列车运行图,编制列车运营时刻表。(2)对列车运行图的编制质量进行全面的检查,并计算列车运行图指标。

将编制完毕的列车运行图、列车时刻表与编制说明等报有关部门审核批准。

编图资料整理

相关方案与具体量的确定

编图

报批

图 5-10 列车运行图编制步骤

知识点三 列车运行调度指挥

一、行车工作指挥原则

为统一指挥日常运输工作,城市轨道交通企业行车工作必须坚持高度集中、统一领导、逐级负责的原则。有关行车人员必须严格执行行车调度员的命令,服从调度指挥,行车调度员应严格按照列车运行图(运营时刻表)指挥行车(图 5-11)。

段(场)行车组织

图 5-11 某地铁调度指挥室

二、调度命令

调度命令是指行车调度处理日常行车工作中有关问题,以及在非正常情况下组织指挥行车有关部门、单位和人员办理行车工作、指示作业方法和安全注意事项的带有约束性的、以书面形式下达的指令,是行车各部门具体办理行车工作的根据,是行车调度组织指挥行车工作和安全生产的必要手段,也是考察行车调度组织指挥工作的过程及工作质量的依据。它体现了铁路行车工作集中领导、统一指挥的原则。各行车有关部门、单位和人员必须服从行车调度的调度命令,严格按照调度命令的具体要求进行工作。

调度命令有口头命令、书面命令及口头指示三种。调度员在日常生产指挥中向有关人员发布的完成运输生产任务的具体部署和指挥行车工作的指令,称为口头指示。口头指示和书面命令具有同等作用,有关人员必须坚决执行;发布口头指示,也应正确、及时、清晰、完整。

三、列车运行调整

(1)列车运行调整的原则:①按图行车,提高列车正点率的原则。②单一指挥的原则。③下级调度服从上级调度指挥的原则。④安全生产的原则。⑤按列车运行状态及等级进行调整的原则。

(2)列车运行调整的方式:①自动列车运行调整。②人工列车运行调整。

(3)列车运行调整的情况:在正常情况下,列车能够按照列车运行图规定的时刻运行,实现按图行车;对于较小的行车延误,系统可自动进行调整干预,努力实现列车正点运行。

知识点四 列车运行组织方式的确定

一、行车指挥自动化列车运行组织

行车指挥自动化是利用电子计算机控制调度集中设备,指挥列车运行的一种自动远程遥控方式。在行车指挥自动化情况下,自动闭塞为基本闭塞法,列车运行自动控制系统(ATC)控制列车自动运行的全过程。

二、调度集中列车运行组织

调度集中设备是指挥列车运行的一种远程遥控设备。调度集中系统由调度集中总机、进路控制终端、显示盘与显示器、描绘仪、打印机和电气集中联锁设备等构成。

三、调度监督列车运行组织

调度监督设备是一种行车调度员能监督现场设备和列车运行状态,但不能直接进行控制的远程监控设备,由控制中心的行车调度员监督设备、显示盘、闭塞设备、车站终端和数据传输设备及联锁设备等组成。调度监督与调度集中的区别是行车调度员只能监督、间接控制,而不能直接控制。

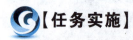
【任务实施】

手摇道岔

手摇道岔——理实一体化

特殊情况下行车组织

正常情况下列车运行组织

行车组织——准点运行、保障有力 模块5

1. **任务地点**

   校内实训室

2. **任务要求**

   任务名称：根据材料完成任务。

   任务目的：认识调度命令的重要性。

   任务内容：调度命令的发布应严格遵守规章，尤其当调度命令发生变化时，应及时传达到相关命令接受人员和处所。调度命令是严肃的，其本身就是指挥棒、是通行证，一旦管理和运营不善，其后果不堪想象。

3. **任务分组**

   本任务采用分组方式进行，4~6人为一组，每个小组选出组长，负责本小组的组织协调工作，带头示范、督促、帮助其他组员完成相应工作。

4. **任务步骤**

   根据材料完成本次活动。

   "90后"车站值班员：做好行车"指挥官"，为铁路安全运输保驾护航

   在中国铁路上海局集团有限公司淮南西站运转车间的信号楼里，"十一"黄金周期间，李澳坚守岗位，向信号员下达联控命令。

   1994年出生的李澳，是淮南西站站内最年轻的车站值班员。作为车站行车室的"大脑"和"指挥官"，李澳每天的工作是根据列车运行图、日（班）计划、施工计划等与列车调度员、信号员、司机和施工负责人进行联控，合理安排机车、列车和施工车辆有序进、出站。

   一列车从进站到开出，中间要经过预告列车、确认接车线、布置进路、交接行车凭证等十多个作业环节，期间，需要向车务、车辆、机务等各岗位下达几个指令。"就拿与司机的联控来说吧，遇到对方未及时回复的时候，我会反复呼叫，直到对方能一字不错地复述联控指令。如果联控时出现一点问题，就有可能被联控对象理解错误，轻则耽误列车运行，重则可能导致行车事故的发生。"李澳说。

   课堂讨论：口头命令、书面命令及口头指示使用情况有什么区别？调度命令发布的要求有哪些？

5. **任务反思**

   (1) 通过任务实施，学到的新知识点有哪些？

   (2) 通过任务实施，掌握的新技能点有哪些？

   (3) 你对自己在本次任务中的表现是否满意？写出课后反思。

   (4) 通过本次任务的交流，对你认识城市轨道交通有什么帮助？

【任务评价】

序号	评价项目	评价内容	分值	学员互评（40%）	教师评价（60%）
1	专业能力（70分）	能够说出行调工作的重要性	20		
2		能够归纳出城市轨道交通行调的岗位职责与要求	20		
3		简要说出城市轨道交通行调的基本内容	20		
4		准确描述城市轨道交通对行调的要求	10		
5	职业素养（30分）	对行车组织工作的兴趣	10		
6		对新知识和新技术的学习能力	10		
7		沟通协调能力	10		
		得分	100		
姓名		学号	总得分	评价人	

【题目评价】

二维码能够链接精品课程平台，让学生在平台完成题库作业

【增值评价】

1.

2.

模块5 行车组织——准点运行、保障有力

任务 5.3　探索调度员在城市轨道交通行车组织过程中的职责

【任务导入】

为了实现安全、正点地行车，城市轨道交通运营企业需要不间断地进行组织指挥和监督，从而有序地组织运营。城市轨道交通运营企业一般设立不同级别的调度控制中心（Operation Control Center，OCC），各轨道交通系统可根据自己的具体情况及管理模式设置不同的调度工作岗位，但在控制中心，一般都设置有行车调度员、环控调度员、电力调度员和设备维修调度员等。

【学习目标】

素质目标：
1. 培养沟通、协调能力，爱党报国精神。
2. 培养安全、责任意识。

知识目标：
1. 熟悉行车组织机构。
2. 了解行车调度相关岗位的职责与要求。
3. 认识行车组织相关设备。
4. 了解列车驾驶员的岗位职责及基本要求。

能力目标：
1. 能识别行车组织的不同机构级别。
2. 能分清楚不同行车岗位的工作职责。

【任务描述】

城市轨道交通系统是一个复杂的、技术密集型的公共交通系统，线路的行车组织工作由控制中心实施，贯彻高度集中、统一指挥、逐级负责的原则，各单位、各部门必须紧密配合、协调动作。

【任务分析】

知识点一　行车组织的机构与职责

线路运营控制中心（OCC）、车站和车辆段是行车指挥系统的三大组成部分，具体线路的行车指挥执行层次如图 5-12 所示。

运营指挥分为一级、二级两个指挥层级，二级服从一级指挥。一级指挥为：行车调度员、电力调度员、环控调度员、客运调度员和维修调度员等；二级指挥为：值班站长、车厂调度员、行车值班员和车厂值班员（某些运营企业也称信号楼值班员）等。

值班调度主任（主管）是调度班组工作的领导者，在值班中接受控制中心值班主任的领导，

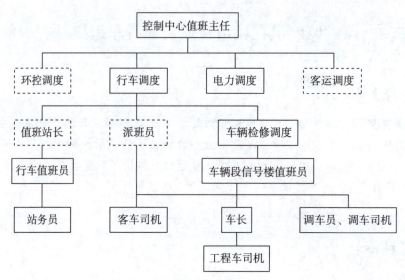

图 5-12　线路行车组织执行层次示意

负责统一指挥协调各调度工种及车站、车辆段等相关人员的工作。各线专业调度员由值班调度主任统一指挥。在处理突发事件、事故时，各线专业调度员向值班调度主任提供本岗位的处理方案，征得值班调度主任同意后实施。

行车调度员是一个调度区段行车工作的指挥者，负责监控列车的运行状况，及时掌握列车运行、到发情况，发布调度命令，检查各站、段（场）执行和完成行车计划情况，并且在列车晚点或发生事故时，组织和指挥车站工作人员、列车乘务员，以及相关的各个部门及时采取相应措施，尽快恢复列车运行，减少运营损失。

环控调度员主要监控通风、空调、给水排水等与环境相关的各种设备，及时调节所管辖区段内的温度、湿度、空气流动速度、含尘量等各种参数，保证环境质量，满足乘客的出行需要。

电力调度员主要监控变电所、接触网等与供电相关的各种设备，及时采集各种数据，保证各个车站、列车供电的可靠性与安全性。

【案例 5-5】

济南地铁"95 后"值班员的一天

1996 年出生的王圆是一名名副其实的"95 后"，工作起来认真负责。在安检口，她一边对乘客进行询问、登记，一边指导大家下载济南地铁 App，还要对每一位乘客的身份信息进行核验，同时还要留意对讲机中站上对工作的整体调度，忙碌有序，热情细致。

一直忙到 11 点多，王圆才有时间接受采访。她告诉记者："目前市民乘坐地铁购票是通过济南地铁 App 购票，进站还需要进行身份核验，这使我们的工作量翻倍增长。随着客流量增多，在岗位上一站就是三四个小时，中间要不停地说话，每位乘客的每项核验工作都要一丝不苟地完成。"

作为值班员，王圆和其他同事的工作职责是负责当班期间客运服务和票务工作，工作内容烦琐，也是地铁安全有序运营的主要一部分。"我们主要有行车值班员、客运值班员、客服中心岗、站台岗等岗位，当班期间，所有的岗位不空人，所以为了保证大家的休息，几个小组轮流上岗，合作和团队配合特别重要。"王圆说道。

讨论：作为行车值班员，工作的开展途径是怎样的？工作职责是什么？

知识点二　行车调度

与行车调度直接相关的岗位包括运营控制中心的行车调度员、车辆段的车厂调度员和车厂值班员、车站的行车值班员、信号设备监控员和信号设备操作员等。

在各调度岗位中,行车调度员是运营调度工作的核心工种,担负着指挥列车运行、贯彻安全生产、实现列车运行图、完成运输计划的重要任务。

1. 行车调度员基本职责

(1)组织指挥各部门、各工种严格按照列车运行图的规定和要求行车。

(2)组织列车到发和途中运行,监控列车运行和设备运用状况。

(3)根据客流变化及时调整列车开行计划。

(4)遇列车晚点、运行秩序紊乱时,通过自动或人工列车运行调整,尽快恢复按图行车。

(5)发生行车事故时,按照规定立即向上级和有关部门报告,迅速采取救援措施,最大限度地减少人员伤亡,降低事故损失,防止事故升级,及时恢复列车的正常运行。

(6)安排各种检修施工作业、组织施工列车开行。

2. 车厂调度员基本职责

(1)组织和指挥车厂内行车运营秩序,是车厂内发生突发事件的临时指挥者,指挥车厂内电客车、工程车的调车作业。

(2)按照列车运行图/运营时刻表、轨行区施工及行车计划通告、车辆检修需求,制定车厂收车计划表、车厂发车计划表,合理安排列车出入车厂。

(3)掌握车厂内列车和车辆的停留状况,根据工作需求,及时编制下达调车作业单,监督检查调车计划的实施。

(4)安排车厂范围所有计划内和临时性的施工作业。

(5)指挥车厂值班员合理安排车厂内行车作业,布置并监控车厂值班员的作业。

(6)组织试车线和车厂线路上的调试工作。

(7)指挥工程车司机、电客车司机配合各施工部门工作。

3. 车厂值班员工作职责

(1)在车厂调度员的指挥下,负责列车和车辆的出入车厂进路和调车进路排列。

(2)通过无线调度台向电客车司机、工程车司机、施工负责人下达命令和通知。

(3)监控电客车、工程车在试车线上的调试和试验工作。

(4)监视信号显示和列车出入车厂运行状况,发现异常时向车厂调度员报告,并做好记录。

(5)严格按计划收发列车,与行车调度员沟通、确认列车出入车厂安排,及时向车厂调度员报告收发列车情况。

4. 行车值班员工作职责

(1)在值班站长的领导下,负责车站行车组织工作,按有关规定操作和监控行车设备。

(2)负责值守车站控制室,监控车控室内各项设备、设施状态,发现故障及异常情况及时按有关程序处理。

(3)负责运营生产信息的上传下达,及时处理外部信息和报出本站信息。

(4)操作、监控信号设备运行(未设置专职信号设备操作员、监控员的车站)。

(5)信号设备停用时负责办理人工组织行车手续。

(6)对当班施工管理工作负责,在线路施工和工程列车开行时安排安全防护,负责车站施工作业登记、施工安全监控和施工负责人管理等工作。

(7)协助值班站长进行人员工作安排及管理。

(8)做好车站内对乘客的应急广播。

5. 信号设备监控员

(1)在值班站长的领导下开展工作,主动向值班站长汇报信号设备运行情况。

(2)对本班信号设备的操作负监控责任,及时制止、纠正违章操作。

(3)负责从控制中心接收信号设备的操作指令,与信号设备操作员核对后监控其正确执行。

(4)负责监控本班工作中信号设备的状况,发现故障及异常情况及时提醒、协助信号设备操作员处理。

(5)信号设备停用时负责办理人工组织行车的手续。

6. 信号设备操作员

(1)负责本班信号设备操作指令的执行。

(2)负责监控本班工作中信号设备的状况,发现故障及异况及时按规定上报、处理。

(3)接收信号设备监控员的监控。

(4)信号设备停用时负责办理人工组织行车的手续。

【案例5-6】

成都地铁明白!

在成都地铁,有这样一群人,在自己平凡的岗位上书写不平凡的故事,尽管说着不同的指令,但他们却用同样的信念和坚守,为乘客的安全出行保驾护航。来看成都地铁版的"明白,收到!"不一样的指令,一样的辛勤付出,每天无数轨道人,用自己的方式为成都地铁的安全运营、为广大乘客的幸福美好生活默默坚守,用自己的行动诠释"成都地铁明白"。

"成都地铁明白"是一种责任,只要在岗,就保持120%的专注,避免差错发生。

在地铁运行中,调度是如同"大脑"般的存在。行车调度、电力调度、信息调度、维修调度、车辆调度、乘客调度……在安全运营的4 000余个日日夜夜里,他们发出、处理的每一个指令,都显得尤为重要。

调度最需要的是责任心,牵一发而动全身。行车调度的任务是负责地铁的日常行车组织、指挥工作,按照列车运行图的要求组织行车,实现安全、准点和优质的运营服务。超强的责任心练就了他们的"火眼金睛",大到某天某地铁站,小到某分某站台门前,全时段、全区域客流变化情况都逃不过行车调度的眼睛(图5-13和图5-14)。

每位员工的责任心,换来了市民乘客的安心。黄女士每天都会准时在地铁8号线文星站上车,在预计好的时间到达9号线,最后换乘18号线。"地铁的准时让我在寒冷的冬天能捎点多睡一会儿,这是我上班时间里的小幸福。"

目前,成都地铁构建了"COCC+OCC"分散控制、集中管理的线网运营调度模式,网络列车运行图兑现率达100%,网络列车准点率达99.99%。截至目前,成都轨道交通已开通13条轨道交通线路,运营里程达558 km,线网发展指数、效率指数、服务指数、安全指标等各项关键运营指标稳居全国第一方阵。全体员工坚守岗位,为市民乘客的安全出行贡献自己的力量。

讨论:材料中提到的COCC指的是什么?其主要设备有哪些?主要承担什么责任?

行车组织——准点运行、保障有力 模块5

图 5-13　线路运营控制中心示意(一)

图 5-14　线路运营控制中心示意(二)

素质提升：还记得在 2022 年 4 月 16 日，神舟十三号成功返回地球，宇航员说的"北京明白"吗？成都地铁也有"成都地铁明白"！"北京明白"是一种精神、责任、信念、传承，"只要在岗，就保持 120% 的精神，不能有任何差错。"同样，地铁运营中的"成都地铁明白"也代表同样的责任。

知识点三　城市轨道交通行车组织相关岗位——城轨列车司机

【案例 5-7】

2019 年 1 月 1 日，济南城市轨道交通 1 号线正式开通，济南迎来地铁时代的同时，地铁司

123

机(又称列车驾驶员)这份职业也进入了人们的视野。

在地铁驾驶座上,地铁司机从容不迫地进行操作,各个流程都需要拿捏精准,"手指口呼""对标停车"……举手投足尽显专业水平。看似简单的工作,实则都是经过反复训练的,以确保列车运行安全,保障乘客顺利出行。

想一想:(1)你认为对地铁司机的岗位职责应有哪些?

(2)你认为对地铁司机的基本要求有哪些?

列车驾驶员在值乘期间,应以严谨的态度驾驶列车并保障列车运行安全,其岗位职责主要有以下几方面:

(1)按运营时刻表的要求驾驶列车,严格执行各项规章制度及作业要求,确保列车运行期间的行车和人身安全。

(2)确认行车凭证,监控列车的运行状态和相关行车设备的工作状态。

(3)驾车在正线时,听从行车调度员统一指挥;在车场时听从车场调度员统一指挥。

(4)服从派班员的安排,确保在任何情况下,有车必有人,顺利完成行车任务。

(5)掌握站台作业车门关闭的时机与技巧,确保乘客上下车时的安全。

(6)为乘客提供正确的到站信息,并在列车广播自动报站系统发生故障时进行人工广播。

(7)在非正常情况下,需保持镇静、沉着应对,及时准确报给行车调度员,不隐瞒、不谎报,最大限度地保障乘客的人身安全。

(8)出现应急情况时,应及时准确报给相关部门,不隐瞒、不谎报。需紧急疏散旅客时应做好引导工作。

(9)监督班组内其他列车驾驶员按章作业并带教、培训新列车驾驶员。

(10)在存车线的列车驾驶员,按照行车调度指示,随时做好开行备用车的准备。

【任务实施】

非正常情况行车组织 ATS 故障模拟

施工及工程列车运行组织

1. 任务地点
校内实训室

2. 任务要求

任务名称:某日你作为行车调度员发现大屏灰显,请提出列车运行组织方案。

任务目的:特殊情况下 ATS 故障分析处理流程。

任务内容:当信号控制设备故障时,应能快速通过应急处理程序,采用人工模式或降级模式组织行车

续表

3. 任务分组
本任务采用分组方式进行,4~6人为一组,每个小组选出组长,负责本小组的组织协调工作,带头示范、督促、帮助其他组员完成相应工作

4. 任务步骤
作为城市轨道交通行车组织相关岗位人员,当信号控制设备故障时,应能快速通过应急处理程序,采用人工模式或降级模式组织行车。

行车调度员初步判断 ATS 故障,行调确认故障并下放 LOW 控制权,启动车站级自动运行模式。车站手动排列列车进路,故障排除收回 LOW 控制权。

讨论:特殊情况下 ATS 故障分析流程应该怎么处理?

5. 任务反思
(1)通过任务实施,学到的新知识点有哪些?

(2)通过任务实施,掌握的新技能点有哪些?

(3)你对自己在本次任务中的表现是否满意?写出课后反思。

(4)通过本次任务的交流,对你认识城市轨道交通有什么帮助?

【任务评价】

序号	评价项目	评价内容	分值	学员互评（40%）	教师评价（60%）
1	专业能力（70分）	活动组织的科学性	20		
2		逻辑性和条理性	20		
3		活动的创新性与亮点	20		
4		能激发观众的兴趣和参与度	10		
5	职业素养（30分）	责任意识强、工作态度端正	5		
6		团队合作意识强、互相协作良好	10		
7		扎实严谨的工作作风	5		
8		精益求精的工匠精神	10		
		得分	100		
姓名		学号	总得分		评价人

【题目评价】

二维码能够链接精品课程平台,让学生在平台完成题库作业

【增值评价】

1.

2.

模块 6

城轨经济——惠民利民、助力发展

 模块介绍

　　城市交通系统是城市化进程中的重要支撑,而城市轨道交通是城市交通系统的核心部分。城市轨道交通不仅能够提高城市的交通效率和便利性,还能够带动城市的经济增长和民生改善。因此,我国应该优先发展城市轨道交通,关注城市轨道交通经济的建设,合理开发和利用城市轨道交通相关的商贸、土地、广告、通信和房地产等资源,发挥城市轨道交通经济的优势,通过城市轨道交通平台,促进我国的经济可持续发展和社会长远发展。

任务 6.1 探索乘客需求与轨道交通经济的关系

【任务导入】

城市轨道交通的建设和运营的成本非常高,但为了满足公共交通的属性,票价却相对较低,所以客运收入很难覆盖运营成本,因此,城市轨道交通往往依赖于政府补贴以保障其正常运营,那我们有什么方法可以减轻政府负担呢?

【学习目标】

素质目标:
1. 对交通强国有深入的认知。
2. 树立以人为本、服务社会的理念。
3. 形成创新精神和团队合作意识。
4. 提升职业道德和社会责任感。

知识目标:
1. 了解城市轨道交通经济的概念。
2. 掌握城市轨道交通的经济特征与意义。

能力目标:
1. 培养分析和解决城市轨道交通经济问题的能力。
2. 提高进行城市轨道交通项目投资决策的能力。

【任务描述】

随着城市建设发展速度逐渐加快,发展规模逐渐扩大,城市交通系统也逐渐进入深入发展阶段。城市轨道交通作为城市交通重要组成部分,在保证城市交通正常运行以及城市经济发展建设中所发挥的作用十分显著。

【任务分析】

知识点一 城市轨道交通经济的概念

城市轨道交通经济又称地铁经济,指地铁的便捷性和吸引性带动沿线的经济发展。城市轨道交通经济是整合式的发展模式,将城市轨道交通沿线的土地资源、物业资源、商业资源等融合成为一种多元化的商业模式。

知识点二 城市轨道交通经济的特征

城市轨道交通经济具有相互吸引的特点。城市轨道交通建成前,城市前期的经济发展规模成为吸引城市轨道交通规划的主要吸引力;当城市轨道交通建成后,城市轨道交通经济成为带动城市经济发展的重要引力。

1. 城市轨道交通作为主要城市交通组成部分,使城市发展的规模、格局和功能不断革新

城市轨道交通拥有客运量大、速度快的特点。在这样的特点之下,提高了城市土地开发的强度,以及出现了更多的混合开发。这使得城市轨道交通对城市经济发展的引导作用越来越明显。城市轨道交通的辐射面越广,对沿线土地价值的带动性越强,同时改变了传统的土地使用模式,构建新的商业发展模式,从而形成城市轨道交通经济。

如纽约城市轨道交通,采取 24 h 运营的模式,用以营运的轨道长度约为 1 070 km,一共有 472 个城市轨道交通车站,遍布全纽约市(图 6-1)。

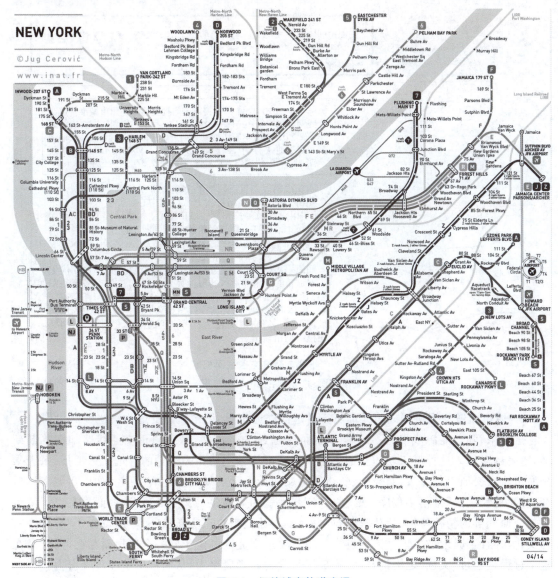

图 6-1 纽约城市轨道交通

2. 城市轨道交通作为一条纽带将城市划分为多个生活圈

根据《广州市城市轨道交通线网规划方案(2018—2035 年)》的数据显示,广州将有普通城市轨道交通 37 条,共 970 km。新线网规划重点增加了 160 km/h 等级的高速城市轨道交通,即广州都市圈快线网络层次,从广州中心延伸接入佛山、东莞、中山、珠海等广州周边城市中心,构建广州至周边城市中心 1 h 轨道经济生活通勤圈。同时,通过城市轨道交通线网与国铁、城际网络的一体化衔接融合,强化广州国家中心城市地位,支撑大湾区核心城市的引领功能(图 6-2)。

线网发展展望
DEVELOPMENT PROSPECT OF THE LINE NETWORK

远期规划线路 Lines Planned in the Long Term **53** 条 Lines **2,029** 公里 Kilometers

根据 2020 年 11 月获得市政府批复的《广州市城市轨道交通线网规划方案(2018—2035 年)》,我市共规划轨道交通线路 53 条、2 029 km。本轮线网共分为三个层级:高速地铁、快速地铁和普速地铁,其中,高速地铁共 5 条,广州境内 452 km;快速地铁 11 条,广州境内 607 km;普通地铁 37 条,全长 970 km。

本轮线网规划重点新增了 160 km/h 等级的高速地铁,即广州都市圈快线网络层次,从广州中心延伸接入佛山、东莞、中山、珠海等广州周边城市中心,构建形成了广州至周边城市中心的 1 h 轨道经济生活通勤圈。通过广州线网与国铁、城际网络的一体化衔接融合,有力地强化了广州国家中心城市地位,支撑了广州大湾区核心城市的引领功能。

同时,根据广州市城市交通第三期建设规划的调整,优化了对城市东、北部片区的覆盖,支持花都、空港经济区的发展,改善城市中心区与长洲岛、番禺化龙地区的跨江交通联系,整体强化粤港澳大湾区广州综合性门户城市地位、加强区域不同层级轨道交通网络间的互联互通、支撑广州网络化枢纽城市建设。

图 6-2　广州城市轨道交通线网规划
(截图来源:广州地铁 2021 年年报)

3. 城市轨道交通慢慢成为人们出行首选的交通工具,城市轨道交通族群也悄然出现

近年来,随着能源成本的不断攀升、路面交通越来越拥堵,城市轨道交通线路却在不断新增,越来越多的人选择城市轨道交通出行。将城市轨道交通作为通勤的首选交通工具,每天乘坐城市轨道交通出行的人们正在被城市轨道交通所酝酿的风尚文化所吸引。如广州城市轨道交通的"地铁优选"微信小程序,贩卖着和广州地铁相关的各类文创商品,这些商品突出了城市轨道交通族群的精神特征、所代表的符号标识等,让城市轨道交通从一个"出行方式"转变为一种文化,并且不断地散发出诱人的魅力。城市轨道交通族群由于同一个选择而存在,同时又在这个过程中通过"文创"之类的产品,形成了很强的心理凝聚力,从而催生了经济吸引力。

4. 城市轨道交通已经成为新的商业概念,并且成为商品定价等营销的核心要素,成为商业价值和市场前景标杆

城市轨道交通在人们心中已经不再仅仅只代表一类交通工具了,随着城市轨道交通与经济相结合的程度日益紧密,地铁房、城市轨道交通商圈、城市轨道交通旅游、城市轨道交通文创、城市轨道交通传媒等城市轨道交通营销模式不断衍生。城市轨道交通的网络化发展使其通达性不断提升,城市轨道交通沿线可开发的有形或无形的资源也随之被人们关注,让市场自身调节的杠杆偏向这些"城市轨道交通"招牌。围绕着营销学的4个核心要素:产品、价格、渠道和促销,不同的商业主体为之设置独有的"城市轨道交通"产品、新的产品推广渠道和促销的方式,在关键的定价策略上更是引发各类商业主体的关注,制定新的定价策略。

5. 城市轨道交通经济提升了商业地产的核心竞争力

商业地产成为城市轨道交通经济中最大的获利者,"地铁盘"俨然已经成为地产的核心竞争力之一。"地铁盘"也带来了传统地段分级的改革,"地铁有多远,我们就敢买多远"已经表达了现在消费者的心声,过去所谓的黄金地段正随着一条条城市轨道交通的开通而发生改变。城市轨道交通的网络化发展提升了土地的利用率和使用价值。不仅有距离城市轨道交通口1.5 km以内的黄金城市轨道交通盘,也催生了市郊"卫星城"的发展,人们在计算出行距离的时候往往不是用多少千米,而是思考城市轨道交通要坐多少站、需要多少时间。

【案例6-1】

万胜广场项目

万胜广场项目(图6-3)整体定位为"国际互联网金融产业园",地处琶洲CBD核心区域,城市轨道交通4、8号线交汇处万胜围站,总建筑面积约31万平方米,包括3栋甲级写字楼、购物中心、城市轨道交通博物馆等,是集线网运营指挥中心、商务办公、购物、交通枢纽、文化旅游观光于一体的顶级商业综合体(图6-4和图6-5)。

图6-3 万胜广场项目示意

Wansheng Plaza Industrial Park
万胜广场（国际互联网金融产业园）

万胜广场项目整体定位为"互联网金融产业园"，充分利用省、市、区三级联动，建立具有国际化视野的"互联网金融"产业体系。

四大优势：

区位优势
项目位于琶洲B2会展综合服务区，毗邻琶洲互联网创新集聚区与广交会展馆，互联网集聚区所汇集的知名企业、顶尖人才以及广交会拉动的千亿贸易额与庞大客流，对于互联网金融行业的发展产生巨大推动力，区位优势明显。

交通优势
项目地处地铁4、8号线交汇万胜围站上盖、无缝衔接有轨电车及公交总站、北接新港东路、西邻科韵路等城市交通主轴，交通便利畅达。

物业组合优势
项目是集团办公总部，包括三栋甲级写字楼、购物中心、地铁博物馆、中国巨幕影院等，是集线网运营指挥中心（COCC）、商务办公、购物、文化、观光以及交通枢纽于一体的大型商业地标，产品及业态组合丰富。

政府支持优势
项目是属市政府重点规划项目，对于新落户、新设立在万胜广场互联网金融产业园的企业，海珠区将给予配套补助、一次性补助、租赁补助等资金补贴与扶持。

Wansheng Plaza Shopping Mall
万胜广场购物中心

万胜广场购物中心位于B塔裙楼，总建筑面积约4.72万m²，商务生活配套完善，震撼"空中巨幕"影院引爆眼球；各类特色风味餐饮鬻鬻味蕾；精品超市、咖啡馆、便利店、银行服务畅享商务生活。

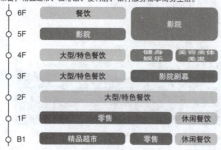

图 6-4　万胜广场（一）

模块6 城轨经济——惠民利民、助力发展

Wansheng Plaza Office Building
万胜广场写字楼 | 国际互联网金融产业园

塔楼	B塔	C塔
层数	28层（含裙楼）	27层（含裙楼）
可租赁面积	约3.7万平方米	约4.1万平方米
标准层面积	约2 000 m²	
实用率	70%～72%	
标准层层高、净高	4.05 m/3 m	4.2 m/3 m
标准层进深、柱距	进深10.55 m、柱距8.5 m	
交付标准	公共区精装修、办公区毛坯	
电梯	12部日立客、货电梯（高低分区）	
空调	中央空调，夏恒温26 ℃	
供电	三回路供电、60 W/m²	
物业管理公司	高力国际	
物管费	28元/（m²·月）	
停车位	超1 200个停车位，智能化停车系统	

Preferential Policy
园区优惠政策

对于新落户、新设立在万胜广场互联网金融产业园的企业，海珠区将在以下方面给予政策扶持及补助：
- 💰 资金补贴与扶持。
- 📚 区属省、市一级学校义务教育优质学位奖励。
- 📈 重点企业上市融资专项扶持。
- 📋 简化出口退（免）税申报程序，免除税务检查，开辟专门窗口或绿色行政审批通道等。

Guangzhou Metro Museum
广州地铁博物馆

广州地铁博物馆位于C塔裙楼，建筑面积约4 400 m²，是面向市民、青少年开展地铁安全培训、反恐演练以及青少年、儿童科普教育的实践基地，将成为未来区域文化旅游的重点景点之一。

图6-5 万胜广场（二）

案例来源：广州城市轨道交通官网
https://www.gzmtr.com/ygwm/dyhyw/dtsyjy/201608/t20160816_47370.html

6. 城市轨道交通经济催生了新的城市名片与文化

城市轨道交通文化正日益成为城市发展中一种全新而重要的文化形态和独特的文化标签。随着城市轨道交通系统的不断发展和完善，其所承载的文化元素逐渐渗透城市生活的方方面面，形成了独特的城市轨道交通文化。

首先，城市轨道交通文化反映在车站设计和装饰上。各个地铁站点在建筑风格、艺术装饰和展览空间的规划上都融入了当地的历史、文化特色，使每个站点都具有独特的地域性和文化氛围。这不仅为乘客提供了舒适的乘车环境，还为他们呈现了城市的独特文化魅力。

其次，城市轨道交通文化反映在交通工具的设计与服务上。列车内部的艺术装饰、座椅设计及车厢内的文化展览等，都使乘车成为一种文化体验。同时，推出具有城市特色的主题列车，以及在站台举办文艺活动等，进一步拉近了城市轨道交通与当地文化的距离。

最后，城市轨道交通文化反映在乘客的行为和素养上。遵守交通规则、文明出行、尊重他人的行为准则逐渐成为城市轨道交通文化的一部分。这有助于形成城市居民的社会责任感和文明素养，共同维护一个和谐的城市轨道交通环境。

总体而言，城市轨道交通文化作为一种新型的城市文化形态，不仅在空间布局、服务设计上与传统文化融合，还在社会行为和价值观念上发挥着引领和促进的作用。这一文化形态的不断发展将进一步丰富城市生活，为城市建设和社会文明注入新的动力和活力。

【案例 6-2】

贵阳城市轨道交通 2 号线打造文化艺术长廊

为了彰显贵阳的城市文化魅力，贵阳轨道集团在贵阳城市轨道交通 2 号线的 5 个车站，以壁画、浮雕、彩绘等形式，展现阳明文化、生态之城、贵阳拾景等丰富的历史底蕴和热情好客的多彩贵州独特风貌。

在泉湖公园站，以马赛克为材质的壁画《生态之城》（图 6-6），尺寸为 330 cm×1 800 cm，是以独特的艺术手法展现贵阳"生态之城"的瑰丽画卷。作品重点描绘了贵阳标志性建筑与鳞次栉比的现代城市建筑风貌，融合贵阳独有的喀斯特山形地貌，山中有城，城中有山，城与山相互交融，呈现出一种别开生面、郁郁葱葱、生机勃勃的"生态之城"景象。

图 6-6 《生态之城》壁画

延安西路站的浮雕彩绘壁画《交通筑梦》，尺寸为 390 cm×1 800 cm，是以第一辆汽车进贵阳为历史节点，用蒙太奇的手法，全景式地将贵州的航空、高铁、桥梁、城市立交桥、城市轨道交通建设等现代交通建设成就展现出来。整幅作品以贵州高山深谷中常现的云雾贯穿勾连，优美的云雾、山路曲线更是反衬出高铁、城市轨道交通等现代交通的速度感，巧妙地营造出明艳流畅的视觉效果，展现了朝气蓬勃的现代发展活力，将贵州交通发展变化栩栩如生地还原在公众面前。

阳明祠站用4组汉白玉浮雕壁画《龙场悟道》《知行合一》《阳明语录》《儒家六大家》，将阳明祠站打造成为一座传播阳明文化和儒家文化的艺术博物馆（图6-7和图6-8）。结合站内空间环境，将《龙场悟道》《知行合一》《阳明语录》3组作品设置于站厅两侧墙面，洁白雅致的汉白玉浮雕与灰白色的车站穹顶空间完美结合，表现十全大儒王阳明的生平、核心思想和龙场悟道情景。其中《龙场悟道》通卷长36 m，高2.7 m，分为四个章节，分别为"贬谪贵州""龙场悟道""讲学教化""升迁而离"。重点表现放在"龙场悟道"和"教化讲学"两个章节，是对阳明先生"知""行"的重点突出。《知行合一》系列作品以王阳明先生一生重要的十个人生节点事迹进行创作，每一幅画卷长3.6 m，高1.8 m，展现了十全大儒王阳明先生才望高雅、知行合一的伟大人生。《阳明语录》为3幅长3.6 m，高1.8 m的汉白玉浮雕组画，分别镌刻了王阳明先生一生3个哲学思想转变阶段的经典语录，是设计制作团队遍寻阳明先生书法集集字而成，是阳明哲学思想的精髓。站台的6根圆柱上则是《儒家六大家》的6件圆形浮雕作品，表现孔子、孟子、程颢、程颐、朱熹、陆九渊、王阳明——儒学历史上的六大家的人物形象、生平简介和思想要点，既是儒家思想历史的艺术再现，也体现了王阳明先生在中国古代哲学思想体系中的至高地位。乘客在站台候车停留时，既可以观赏艺术作品之美，也能了解儒家思想的演变历史。

图6-7 《龙场悟道》壁画

图6-8 阳明祠站汉白玉浮雕壁画

宝山南路站的金属材料壁画《贵阳拾景》,分别描绘了南江大峡谷、天河潭、黔灵山、青岩古镇、文昌阁、甲秀楼、花溪公园、阳明祠、筑城广场、孔学堂十个标志性旅游景点,呈现出筑城独特的城市地标名片。

位于机场站的《多彩贵州欢迎您》由全景式墙面马赛克壁画和地面黄铜组雕构成(图6-9和图6-10)。画面主体描绘了贵州世居的18个民族人民载歌载舞场景。贵州特有的民风民俗、秀美山川围绕着他们徐徐展开,共同汇成一幅"多彩贵州欢迎您"的热情而美丽的画卷,艺术地表现了贵州多彩的山川风物、民族风情和贵州人的热情好客。

图6-9 《多彩贵州欢迎您》(一)

图6-10 《多彩贵州欢迎您》(二)

资料来源:贵州交通广播百度官方账号
https://baijiahao.baidu.com/s?id=1698120702685917439&wfr=spider&for=pc

【任务实施】

1. 任务地点 校内实训室
2. 任务要求 任务名称:编写一份"乘客需求调查表"。 任务目的:(1)通过调研了解乘坐城市轨道交通乘客的消费需求。 　　　　(2)通过对乘客需求的了解,更好地打造能够满足乘客需求的消费环境。 任务内容:(1)调查和汇总本市城市轨道交通乘客的消费需求。 　　　　(2)分析城市轨道交通带来哪些消费新增长,并且分析城市轨道交通对城市经济发展带来的影响。 　　　　(3)编写完成一份"乘客需求调查表"。
3. 任务分组 本任务采用分组方式进行,4~6人为一组,每个小组选出组长,负责本小组的组织协调工作,带头示范、督促、帮助其他组员完成相应工作
4. 任务步骤 (1)调查和汇总本市城市轨道交通乘客的消费需求。 (2)分析城市轨道交通带来哪些消费新增长。 (3)分析城市轨道交通对城市经济发展带来的影响。 (4)编写完成一份"乘客需求调查表"
5. 任务反思 (1)通过任务实施,学到的新知识点有哪些?   (2)通过任务实施,掌握的新技能点有哪些?   (3)你对自己在本次任务中的表现是否满意?写出课后反思。   (4)作为社会新兴消费群体,你认为城市轨道交通经济还有什么新的方式吗?

【任务评价】

序号	评价项目	评价内容	分值	学员互评（40%）	教师评价（60%）
1	专业能力（70分）	调查表内容完整性和合理性	10		
2		逻辑性和条理性	10		
3		数据与图表使用准确性	10		
4		文字表述是否准确、简洁、明了	10		
5		调查表设计格式与排版是否整洁、美观,易于阅读	10		
6		调查内容的创新性与亮点	20		
7	职业素养（30分）	责任意识强、工作态度端正	5		
8		团队合作意识强、互相协作良好	10		
9		扎实严谨的工作作风	5		
10		精益求精的工匠精神	10		
得分			100		
姓名		学号	总得分	评价人	

【题目评价】

二维码能够链接精品课程平台,让学生在平台完成题库作业

【增值评价】

1.

2.

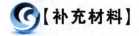
【补充材料】

十个经济学经典效应

1. 彼得原理

每个组织都是由各种不同的职位、等级或阶层的排列所组成,每个人都隶属于其中的某个等级。彼得原理是美国学者劳伦斯·彼得在对组织中人员晋升的相关现象研究后,得出一个结论:在各种组织中,雇员总是趋向于晋升到其能力所不及的地位。产生彼得原理的一个重要原因是我们提拔雇员往往主要依据他们过去的工作业绩和能力。彼得原理有时也被称为"向上爬"原理。

2. 酒与污水定律

酒与污水定律是指把一匙酒倒进一桶污水,得到的是一桶污水;如果把一匙污水倒进一桶酒,得到的还是一桶污水。也就是说,不在于污水的多少,只要它存在,就会造成一个整体的破坏。在任何组织里,几乎都存在几个难以对付的人物,他们存在的目的似乎就是为了把事情搞糟。最糟糕的是,他们像果箱里的烂苹果,如果不及时处理,会迅速传染,把果箱里其他苹果也弄烂。

3. 马太效应

《新约·马太福音》中有这样一个故事:一个国王远行前,交给3个仆人每人1锭银子,吩咐道:"你们去做生意,等我回来时,再来见我。"国王回来时,第一个仆人说:"主人,你交给我的1锭银子,我已赚了10锭。"于是,国王奖励他10座城邑。第二个仆人报告:"主人,你给我的1锭银子,我已赚了5锭。"于是,国王奖励他5座城邑。第三个仆人报告说:"主人,你给我的1锭银子,我一直包在手帕里,怕丢失,一直没有拿出来。"于是,国王命令将第三个仆人的1锭银子赏给第一个仆人,说:"凡是少的,就连他所有的,也要夺过来。凡是多的,还要给他,叫他多多益善。"这就是马太效应,反映当今社会中存在的一个普遍现象,即赢家通吃。

4. 木桶定律

木桶定律是讲一只水桶能装多少水,这完全取决于它最短的那块木板。这就是说任何一个组织,可能面临的一个共同问题,即构成组织的各个部分往往是优劣不齐的,而劣势部分往往决定整个组织的水平。

5. 零和游戏

零和游戏是指一项游戏中,游戏者有输有赢,一方所赢正是另一方所输,游戏的总成绩永远为零。零和游戏原理之所以广受关注,主要是因为人们在社会的方方面面都能发现与"零和游戏"类似的局面,胜利者的光荣后面往往隐藏着失败者的辛酸和苦涩。

6. 合作规律

合作规律说的是一个人敷衍了事,两个人互相推诿,三个人则永无成事之日。多少有点类似于我国"三个和尚"的故事。

7. 手表定理

手表定理是指一个人有一块手表时,可以知道当时是几点钟,当他同时拥有两只手表时,却无法确定。两只手表并不能告诉一个人更准确的时间,反而会让看表的人失去对准确时间的信心。

8. 不值得定理

不值得定律最直观的表述是:不值得做的事情,就不值得做好。这个定律再简单不过了,重要性却时时被人们忽视遗忘。不值得定律反映人们的一种心理,一个人如果从事的是一份自认为不值得做的事情,往往会保持冷嘲热讽、敷衍了事的态度,不仅成功率低,而且即使成功,也不觉得有多大的成就感。

9. 剃刀定律

14世纪,英国奥卡姆的威廉主张唯名论,只承认确实存在的东西,认为那些空洞无物的普遍性概念都是无用的累赘,应当被无情地"剃除"。他主张"如无必要,勿增实体",即"简单有效原理"(这就是常说的"奥卡姆剃刀")。这把剃刀曾使很多人感到威胁,被认为是异端邪说,威廉本人也因此受到迫害。然而,这并未损害这把刀的锋利,相反,经过数百年的岁月,"奥卡姆剃刀"已被历史磨得越来越锋利,并早已超越原来狭窄的领域,而具有广泛、丰富、深刻的意义。

10. 蘑菇管理

蘑菇管理是许多组织对待初出茅庐者的一种管理方法。初学者被置于阴暗的角落(不受重视的部门,或打杂跑腿的工作),浇上一头大粪(无端的批评、指责、代人受过),任其自生自灭(得不到必要的指导和提携)。相信很多人都有过这样一段"蘑菇"的经历,这不一定是什么坏事,尤其是当一切刚刚开始的时候,当几天"蘑菇",能够消除我们很多不切实际的幻想,让我们更加接近现实,看问题也更加实际。

任务 6.2　探索如何策划地铁经济

【任务导入】

众所周知,城市轨道交通在运营过程中基本都是入不敷出的,而香港地铁作为为数不多可以实现盈利的运营公司,你知道是怎么做到的吗?

【学习目标】

素质目标:
1. 增强对交通强国战略的认知。
2. 树立以人为本、服务社会的理念。
3. 形成创新精神和团队合作意识。
4. 提升职业道德和社会责任感。

知识目标:
1. 了解城市轨道交通的发展特点、规律和趋势。
2. 掌握城市轨道交通的经济效应。
3. 熟悉国内外城市轨道交通的发展模式和典型案例。

能力目标:
1. 培养分析和解决城市轨道交通经济问题的能力。
2. 提高城市轨道交通项目效益评估的能力。

【任务描述】

香港地铁是如何走向成功的呢?与马德里或巴黎等城市的地铁相比,香港地铁的票务收入不仅能够覆盖运营成本,还能超出70%以上,创下全球之最。但它的盈利之道并非仅仅依靠票价,而是采用了"地铁+物业"的创新模式,将轨道交通与房地产开发相结合。每当要修建一条新线路时,政府会以不含地铁带来的升值效应的价格,将车站周边的土地出让给港铁。

【任务分析】

知识点一　城市轨道交通经济对城市经济的影响

1. 城市轨道交通经济能带动沿线用地的开发建设,对房地产经济带来积极的影响

在城市轨道交通规划与修建的过程中,"吸引力"是双向的。在规划时期,已经开发的房地产项目会对城市轨道交通有吸引力;城市轨道交通开建后,城市轨道交通自身转变为吸引物会吸引资本对沿线土地资源进行开发。城市轨道交通的网络化布局和高通达性使得越来越多的人在购房时也会选择远离中心城区,考虑市郊的楼盘,从而大大提升了市郊土地的价值,同时也可以缓解城市核心区域人口密度过高的问题。

2. 城市轨道交通经济能促进就业问题的解决

城市轨道交通经济的发展能够为城市带来新的就业机会和岗位。随着一条新线路的开通,城市轨道交通自身运营就需要运营与管理、清洁、安保等工作人员,随着城市轨道交通开通而建设的商圈带来的就业机会和岗位更是涉及了诸多行业,特别是有高人力资源需求的服务业。

3. 城市轨道交通经济能够改善城市交通状况,推动城市的绿色发展

城市轨道交通高效、准点、安全的特点使得它已经成为很多市民出行的首选交通方式。特别是能源价格居高不下的情况下,也使很多市民改变自己的出行习惯开始选择公交出行。同时,以城市轨道交通为核心形成的各类商圈,也使得城市轨道交通的功能不再仅仅局限于提供交通服务,也为广大市民提供了很多的吸引物,让越来越多的人愿意选择城市轨道交通出行。这将从根本上改善城市交通状况,为城市的绿色发展带去有力的助益。

❄ 知识点二 城市轨道交通经济发展模式

1. 加快城市轨道交通广告资源的开发与利用

城市轨道交通的人流具有高聚集性,在城市轨道交通投放广告具有区域精准、吸引力强等特点。城市轨道交通内的各类广告可以起到装饰作用,从而提升城市轨道交通的艺术价值。广告资源是城市轨道交通经济重要组成要素,也是商业领域比较重视的广告宣传资源。因此,在发展城市轨道交通系统经济建设的同时,更要重视广告资源的开发与利用。

2. 加大城市轨道交通设备与通信技术产业的投入

在城市轨道交通资源开发过程中,通信资源作为重点资源是决定城市轨道交通系统深入发展的关键。因此,应针对当前城市轨道交通系统通信条件的需求,重点开发通信资源。并针对当前城市轨道交通通信资源开发过程中存在的问题,进行有针对性的改进。

3. 加强城市轨道交通沿线土地资源开发的管理

土地资源的利用较为复杂,国家对该领域控制严格,在实际开发过程中会涉及规划、建设、财政、环保等不同部门,很容易造成推诿扯皮等现象。为了最大限度地开发城市轨道交通沿线的土地资源,应特别重视以下几方面:第一,城市轨道交通公司在城市轨道交通规划时期,应提议政府结合城市轨道交通线网规划等文件进行城市轨道交通沿线土地商业发展专项规划,为沿线土地商业化开发奠定基础;第二,为保障城市轨道交通建设的优先性、筹集城市轨道交通建设资金,城市轨道交通公司应争取获得城市轨道交通沿线土地开发的优先权;第三,政府部门应结合城市轨道交通项目的特殊性、实际性,出台专门针对城市轨道交通项目的土地规划、审批、使用等相关政策,促进城市轨道交通沿线土地开发项目更好、更快地落地。

4. 加大对城市轨道交通商业资源的开发与利用

出租城市轨道交通周边的空间进行经营和售卖活动,从而带动城市轨道交通周边经济发展。发展城市轨道交通周边商贸资源,不仅能够为出行的乘客提供日常需要的物质条件和服务需求,同时也能够在一定程度上促进城市轨道交通经济实现深入发展。此外,为了避免商业资源过度开发,导致城市轨道交通系统出现安全隐患,相关单位在开发商贸资源时,一定要根据城市轨道交通系统运行环境具体要求,本着发展性、持久性的眼光合理设计城市轨道交通商贸圈开发方案,优化商贸圈经营与管理,确保商贸领域与城市轨道交通系统实现和谐发展。

知识点三　城市轨道交通经济发展的经济效应

城市轨道交通经济模式属于聚合化商业经济模式,是指根据区域的消费特点和需求,合理安排各种商业项目的分布,使不同类型的商业项目相互配合,共同创造经济效益的一种模式。地铁商业的快速发展,吸引了众多知名企业在地铁沿线开设门店,通过科学规划、合理布局,形成了多元化、集中化、品牌化、创新化的商业格局,使地铁沿线商业规模扩大,规模效应显现,商业资源快速聚集,商业活力不断增强,产生了强大的吸引力、凝聚力和辐射力,使商流、物流、客流、信息流高度集中。立体式商业经济模式是指在空间布局上,从横向和纵向上综合考虑,使商业布局在空间上呈现完整性的一种商业经济模式。地铁商业本身就是一个立体概念,为了节约城市空间资源,在地铁规划开发上,必须向深层地下空间发展,建成多层立体式的地下综合体。包含大型百货、超市、餐饮、电影、娱乐等商业业态的地下商城,与地面商业形成城市综合体,从而构成城市地上地下建筑互动群。这种以地铁交通系统的建设为核心而形成的立体化是今后城市发展的趋势所在。其经济效应主要体现在以下几个方面。

1. 挤入效应

地铁建设作为政府投资的重点项目,其商业经济模式的选择直接影响政府投资对民间投资的作用是挤出还是挤入。聚合化、立体式的地铁商业经济模式充分利用了政府投资和民间投资的协同效应,即政府投资为地铁建设提供基础性的公共服务,包括地铁站点周边的拆迁、安置等;民间投资购买土地进行商业开发,从事有利可图的经营活动。政府投资与民间投资实现有效结合,共同促进城市经济的发展。因此,在聚合化、立体式地铁商业模式下,政府投资对民间投资有挤入作用,刺激了消费和投资的增长。

2. 产业集群效应

迈克尔·波特在《国家竞争优势》一书中提出,产业集群是指一个国家内部一些有着密切纵向联系的企业。1998年,他在《簇群与新竞争经济学》一文中对产业集群进行了重新界定,系统地阐述了产业集群理论,认为产业集群是指在一个特定区域内一些相互关联的公司和各种组织在地理上聚集,即在特定领域中,一些在地理上相邻且有相互关联性的企业、专业化供应商、服务供应商、相关产业供应商及相关的机构(如大学、制定标准化的机构、产业协会等)组成的群体。产业集群效应在聚合化、立体式地铁商业经济模式中的体现主要有:

(1)金融业、餐饮业、旅游业、商业等多种产业相互交织、有效协作、积极互动、紧密联系,共同构成集各种产业于一体的多元化商业经济模式。

(2)产业集群的聚合使整个地铁沿线形成一个区域化具有竞争力的范围经济,如相关企业联合生产的产出效益大于单独企业以相同资源生产的产出效益。

(3)地铁商业发展不仅会促进城市经济的发展,扩展城市的发展空间,还会为社会创造更多的就业岗位,如沿线商业所需综合型人才、周边市政设施维护所需管理人才及地铁运营高端管理人才等,解决更多城市劳动力的就业问题。

3. 资源整合

资源整合是指对不同来源、不同层次、不同结构、不同内容的资源进行识别与选择、汲取与配置、激活与有序结合,具有较强的柔性、条理性、系统性和价值性,并创造出新资源的一个复杂的动态过程。地铁作为资源整合的工具,以广阔的空间优势和持续的时间优势使物流、信息流、客流、商流得以聚集。具体表现:一是物流的整合。现代物流体系的先进性在于它拥有完善的功能、齐全的网络、规范的管理和高质量的服务。物流的整合能降低系统运作成本,同时提高效率来满足灵活多变的综合性要求。二是信息流的整合。在经济快速发展的今天,对信息的准确掌握和及时整合已经被越来越多的人认识和重视,信息在应用范围、视角、目标、层级、要求等方面的整合成为影响企业生存、经济发展的重要因素。三是客流的整合。地铁承载城市交通、输送客流作用源于自身的形态结构和功能特点,缩小了城市网络与用户需求之间的距离,最大限度地发挥了网络优势。四是商流的整合。聚合化、立体式地铁商业经济模式在时间上和空间上使各种商业形态得以交织与互补,满足了不同消费人群的偏好与效用,从而刺激消费,也拉动了商业发展和经济增长。

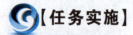

【任务实施】

1. 任务地点 校内实训室
2. 任务要求 任务名称:编写一份商业策划书。 任务目的:(1)以实践为导向,展现项目的商业价值; 　　　　　(2)提升团队了解社会现状、关注社会民生、解决社会问题的意识、能力和水平。 任务内容:(1)调查和研究本城市的城市轨道交通商业环境及消费需求; 　　　　　(2)分析市场需求寻找合适的创业项目; 　　　　　(3)编写完成一份商业策划书
3. 任务分组 本任务采用分组方式进行,4~6人为一组,每个小组选出组长,负责本小组的组织协调工作,带头示范、督促、帮助其他组员完成相应工作
4. 任务步骤 (1)调查和研究本城市的城市轨道交通商业环境。 (2)调查和研究本城市的城市轨道交通消费需求。 (3)分析市场需求并寻找合适的创业项目。 (4)编写完成一份商业策划书
5. 任务反思 (1)通过任务实施,学到的新知识点有哪些?

续表

(2)通过任务实施,掌握的新技能点有哪些?

(3)你对自己在本次任务中的表现是否满意?写出课后反思。

(4)你认为创新和创业最重要的是什么?

【任务评价】

序号	评价项目	评价内容	分值	学员互评（40%）	教师评价（60%）
1	专业能力（70分）	策划书内容的完整性和合理性	10		
2		逻辑性和条理性	10		
3		数据与图表使用准确性	10		
4		文字表述准确、简洁、明了	10		
5		策划书设计格式与排版整洁、美观,易于阅读	10		
6		策划书内容的创新性与亮点	20		
7	职业素养（30分）	责任意识强、工作态度端正	5		
8		团队合作意识强、互相协作良好	10		
9		扎实严谨的工作作风	5		
10		精益求精的工匠精神	10		
		得分	100		
姓名		学号		总得分		评价人	

【题目评价】

二维码能够链接精品课程平台,让学生在平台完成题库作业

【增值评价】

1.

2.

【补充材料】

2018—2021年,我国城市轨道交通运营线路新增里程数呈波动上涨趋势。2018年新增城市轨道交通运营线路470.7 km,2020年增长至近年来最高点1 101.2 km,2021年我国城市轨道交通运营线路新增里程数为972.9 km(图6-11)。

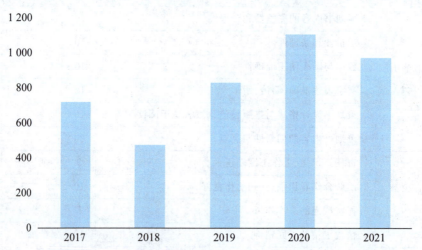

图6-11 2017—2021年我国地铁运营线路新增里程数(单位:km)
(资料来源:中国城市轨道交通协会 前瞻产业研究院)

| 产品策略与客户服务 | 城市轨道交通市场营销的目标 | 城市客运市场细分 | 促销策略与客户服务 |

从城市轨道交通的所有权与经营权关系来看，其运营管理模式可分为国有国营模式、公私合营模式、国有民营模式、私有国营模式和民有民营模式等（表6-1）。我国内陆地区的主要城市的城市轨道交通运营以国有民营为主。

表 6-1 我国内陆地区主要城市的城市轨道交通运营管理模式

模式	具体介绍
国有国营	无竞争条件下的国有国营模式是指由政府负责轨道交通的投资建设，所有权归政府所有，运营由政府部门或国有企业负责。其代表城市有纽约、柏林、巴黎、莫斯科。国有国营模式体现了城市轨道交通的福利性，资金到位快，但运营效率低，适用政府财力大、客流量较小的城市
	有竞争条件下的国有国营模式是指政府出资建设，国有企业通过竞争取得运营权，其代表城市有首尔
公私合营	公私合营模式指由政府与企业共同出资设立公司，负责城市轨道交通的投资、建设和运营，其代表城市有伦敦、香港。公私合营模式是既体现福利性又体现盈利性的运营管理模式，解决了资金短缺、运营效率低的问题。这种模式的适用条件为城市投融资渠道畅通、混合经济多、客流量大
国有民营	国有民营模式指城市轨道交通的线路完全由政府投资建设，建成后委托企业负责运营管理，其代表国家有新加坡。国有民营模式可以减轻政府财政压力，引入竞争，提高效率。但建运分离造成两者不协调，适用于市场化程度高、客流量大的城市
私有国营	私有国营模式指由私人企业投资建设，政府不参加资产建设，只对债务融资进行担保，并负责运营，其代表国家有菲律宾
民有民营	民有民营模式指由私人集团投资兴建，并由私人集团经营，其代表城市有曼谷。民有民营模式虽然减轻了政府的财政压力，但由于要保证福利性，盈利空间受到限制，企业运营风险大，适用于政府财政短缺、客流量大的城市

据统计，2020年我国深圳的城市轨道交通营收规模最高，达到208.28亿元，其次为北京，营收规模为136.65亿元，再次为广州、成都、武汉、苏州、宁波，城市轨道交通营收规模在50～

150亿元,其余城市的城市轨道交通营收规模均在50亿元以下。总体来看,我国城市的城市轨道交通营收规模均偏少(图6-12)。

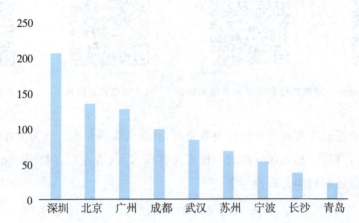

图6-12　2020年我国城市轨道交通营收规模前十位的城市(单位:亿元)
(资料来源:前瞻产业研究院)

我国城市轨道交通运营公司中,第一梯队为北上广深一线城市的城市轨道交通运营有限公司,该类公司运营城市轨道交通客运量较大,多条线路运营,同时经营模式较为丰富,营收规模较高。第二梯队为其他一、二线城市的城市轨道交通运营有限公司,该类城市以西安、成都、武汉及南京等城市轨道交通运营有限公司为代表,其运营线路与第一梯队企业数量相似,但客运量稍少于第一梯队企业,日均运营人次在600~800万人次。第三梯队公司为其他中小城市的城市轨道交通运营公司(图6-13)。

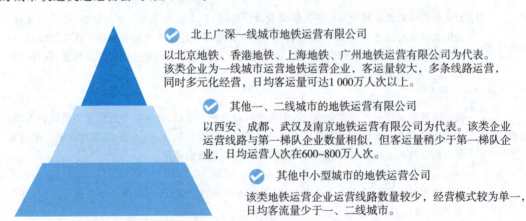

图6-13　我国城市轨道交通运营公司竞争梯队
(资料来源:前瞻产业研究院)

目前,我国城市轨道交通营收规模较低,大部分城市还需依靠政府补贴来维持正收益。据统计,我国政府补贴较高的城市有深圳、成都,2020年政府补贴均超过了90亿元;其次,南京、长春和宁波的政府补贴为20~40亿元(图6-14)。

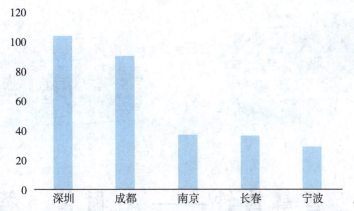

图 6-14 2020 年我国地铁运营政府补贴前五名的城市　单位(亿元)
（资料来源：前瞻产业研究院）

注：以上数据来源于前瞻产业研究院《中国城市轨道交通行业发展前瞻及投资战略规划分析报告》

价格策略与客户目标

市场营销基本概念

模块 7

智慧地铁——AI 赋能、智慧出行

 模块介绍

  智慧地铁是指利用物联网、云计算、大数据、人工智能等技术，提升地铁的全息感知、实时分析、科学决策和精准执行的能力，打造业务智能联动、资源智慧配置的地铁运输及服务系统。智慧地铁的目标是保障地铁全局安全、提高运输效率、改善经营效益和提升服务质量，实现从"人适应地铁"到"地铁适应人"，从"生产范式"向"服务范式"，从"被动服务"向"智能服务"的转变。

模块 7 智慧地铁——AI 赋能、智慧出行

任务 7.1 走进智慧车站

【任务导入】

从移动支付开始，人们的生活随着互联网技术的发展已经是日新月异。那么智慧车站的打造，我们还需要哪些新技术的支持呢？

【学习目标】

素质目标：
1. 培养爱岗敬业精神。
2. 培养创新思维。
3. 培养科学家精神。

知识目标：
1. 了解智慧车站定义。
2. 了解智慧车站构架。
3. 了解智慧车站功能。

能力目标：
1. 能站在城市轨道交通工作者的角度，为乘客的智慧出行提出不少于 1 个的建议。
2. 能对智慧车站建设提出创新意见。

【任务描述】

智慧车站就是充分利用人工智能、大数据、云计算、人工智能物联网（AIOT）、数字孪生等新一代技术，面向乘客提供全方位体验，面向维保提供智能运维数据支撑，面向站务提供全景管控，面向管理提供决策支持，实现更安全的运营、更智慧的服务、更高效的管理目标，在全息感知、智能分析、全景管控、精准便捷、主动进化等方面开展智慧系统建设工作。

【任务分析】

知识点一　智慧车站简介

智慧车站简介

智慧车站是对客运车站进行智能化技术的提升，将客运车站业务与新信息技术相结合，能够获取列车实时、准确、完整的运行信息，利用平行系统技术对设备进行集成、节能控制和全生命周期管理，采用物联网和边缘计算技术对环境进行全面感知、关联分析和自适应调节，通过人工智能、云计算等技术自动生成及时、精确、稳定的决策建议和作业命令，实现作业、人员、设备、环境的信息共享、协同联动和闭环控制，打造共享、自助、高效、安全、绿色的自主学习和迭代优化的客运站日常运营和应急指挥系统，为旅客提供方便、安全、舒心的无障碍出行服务。

智慧车站就是在原有的数字化基础上，利用信息化手段，结合车站客流、运营管理、车站设备等多维度的数据，通过后台一体化智慧分析平台，为乘客打造一个智慧化、多维化、舒适化的乘车环境。

随着物联网、5G、人工智能等技术的不断发展，全国城市轨道行业相继开始了智慧车站的建设，智慧车站的建设是企业降低劳动强度、提高运营效率的有效保障，最终实现车站无人值守，达到区域化管理的目标。

智慧车站不局限于智能化，也包含了对城市轨道交通车站主体和客体的创新演绎。智慧车站的主体是轨道交通的乘客，客体是车站和车站设施。智慧车站的具体功能包括智能客服、智慧安检、智慧引导、智慧问讯、智慧车站管理、智慧运维、大数据处理等。

智能客服系统是在大规模知识处理基础上发展起来的一项面向行业应用的系统，适用于大规模知识处理、自然语言理解、知识管理、自动问答系统、推理等技术行业。智能客服不仅为企业提供了细粒度知识管理技术，还为企业与海量用户之间的沟通建立了一种基于自然语言的快捷有效的技术手段，同时还能够为企业提供精细化管理所需的统计分析信息。城市轨道交通智能客服主要是面向乘客的售检票服务、问询服务、引导服务等。

知识点二　智慧车站架构

智慧车站作为未来车站的发展趋势，设计原则按优先级划分为安全运营、高效管理、便捷出行、舒适节能（图7-1）。安全运营表现为设备故障预防和快速定位维修、突发事件感知和处置，以及安防处置等。高效管理表现为车站整体信息可视化、车站运行自动化、人员功能复合化及多面性评价。便捷出行表现为车站导乘、售检票和安检智能化。舒适节能表现为车站环境参数（如体感温湿度、二氧化碳、照度等）变化的敏感性以及人性化控制，完整的智能体系应能够有效控制节能效果。根据原则勾勒出智慧车站的整体构架，即信息全面感知、信息展示和应用。信息感知来源于人、设备和环境。人员信息以乘客、车站工作人员、第三方委派人员为主。设备和环境信息以综合监控、传感器、电子信息牌、WiFi探针等为主。

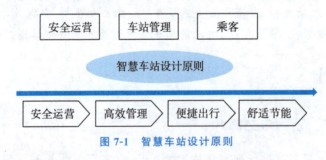

图 7-1　智慧车站设计原则

现有的智慧车站大都以站级 ISCS（综合监控系统）为基础，通过与车站的其他专业系统实现互联，采集各类专业数据，实现对本车站内部的所有设备进行实时监控和车站内部智能化运营管理，包括车站全景感知、客流分析预测与展示、智慧视频分析告警、一键开关站、智慧巡检、车站电子台账等功能。深圳地铁智慧车站功能如图7-2所示。

智慧车站尚在发展阶段，各地对此并没有固有的要求，主要是应根据实际运营需求开发。智慧车站系统总体架构主要由感知层、数据层、应用层3部分构成，如图7-3所示。

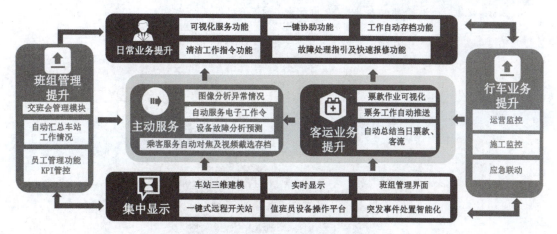

图 7-2　深圳地铁智慧车站功能图

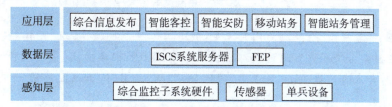

图 7-3　地铁智慧车站系统架构

知识点三　智慧车站功能

一、智慧票务

基于人脸识别技术在 HPM（自动旅客运输）线上实现人脸识别无感通行新体验。

智慧车站功能介绍

例：截至 2022 年 2 月，成都地铁在已开通运营的 12 条地铁线路，287 座地铁车站全面上线人脸识别过闸功能，成为全国唯一在全线网范围内所有闸机一次性全面上线该功能的城市地铁，已累计服务乘客超过 2 000 万人次。

作为乘客在成都地铁刷脸进站需要怎么做呢？

第一步：下载安装并注册成都地铁 App（图 7-4）；

第二步：在乘车码界面点击"开通刷脸乘车"（图 7-5）；

图 7-4　成都地铁 App 下载界面

图 7-5　刷脸乘车开通界面

第三步：上传、扫描面部特征即可进出闸机（图7-6）。

图7-6　刷脸乘车

智慧票务、智慧安检、智慧测温同时满足，戴着口罩也能刷脸，实现"无接触"式过闸乘车。成都地铁的智慧票务使用户可通过成都地铁App开通刷脸乘车功能，实现刷脸智慧过闸。同时，智慧票务可与成都地铁App"电子票"实现"脸""码"混用（进出站使用任一方式，均可匹配行程）。

二、智慧客服

通过机器人在地铁站内辅助人工提供服务，可实现全天候客服，进一步提升地铁站服务的便利性、可靠性与规范性。

例：徐州地铁通过智慧客服"小智"机器人为乘客提供智慧出乘服务，主要功能包括车票查询及分析、车票更新、自助购取票、远程视频求助、综合信息查询等。

将车票放置在读卡区，"小智"会显示车票的类型、状态、余额、进站车站及时间等基本信息（图7-7）。

将车票放在读写区，会显示车票的当前状态，如遇到车票未刷卡成功、超程等问题时，"小智"会提示选择相应进出站车站信息，或显示余额不足。有应补金额的，使用徐州地铁App按照提示支付后即完成票卡更新，然后就可以正常刷卡进出站了（图7-8）。

图7-7　车票查询及分析

图7-8　车票更新

"小智"也可以通过线上交易,完成自动售票机的购票、取票功能(图7-9)。

当遇到困难需要寻求工作人员帮助,则可单击"小智"右下角的"人工服务",选择"拨打",接通后就能与车站工作人员进行视频通话寻求帮助(图7-10)。

图 7-9　自助购票取票

图 7-10　远程视频求助

三、其他功能

除智慧票务、智慧客服外,智慧车站还包括智慧安检、智能照明、全息感知、信息发布、数据分析、一键开/关站等功能。

例: 海信已经承担并完成了贵阳地铁1号线和2号线的通信系统和综合监控系统的建设,并在2号线落地了首个"智慧车站"项目,海信"智慧车站"运营管控平台如图7-11所示,主要功能如下。

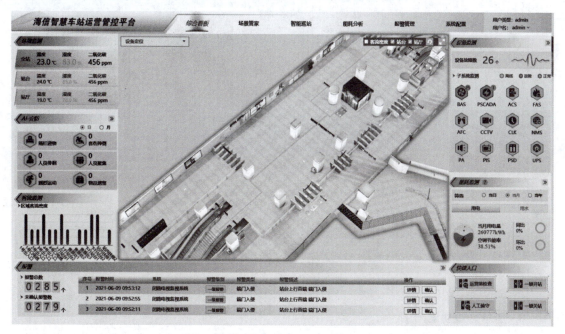

图 7-11　海信"智慧车站"运营管控平台

1. 实时监控

远程调度功能(图7-12):通过23种安防场景全景覆盖,第一时间自动调出实时视频,供运营人员分析研判现场情况,同时给出最近车站服务人员的定位信息,现场人员通过单兵设备接收车控室的调度指令、远程会商,在最短时间内赶往事发地点,快速处置,处置结果自动反馈到智慧车站运营管控平台。

现场视频　　　弹窗+语音告警,及时发现　　　人员定位
　　　　　　　一键远程处置,提升处置效率

图7-12　监控调度界面

2. 一键开/关站功能

大型换乘站开/关站时间由大约1 h缩短到5 min以内,效率提升90%以上(图7-13)。

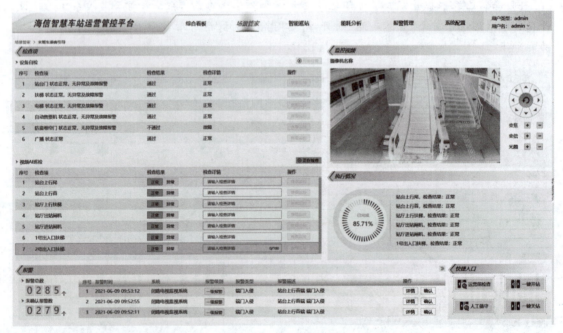

图7-13　一键开/关门界面

3. 全息感知功能

将日常巡站业务同3D数字孪生融合的解决方案,实现3D向导+实时视频式的智能巡站(图7-14)。将巡检时间从半小时缩短至10 min,且无遗漏,巡视记录自动留痕,极大程度上避免了站内安全检查漏洞。

智慧地铁——AI赋能、智慧出行 **模块7**

图 7-14　全息监控界面

4. 多维度能耗监控功能

可及时发现跑、冒、滴、漏、设备非正常开启等能耗异常状况，辅助运营人员全面掌握用能情况，找出节能空间（图 7-15）。

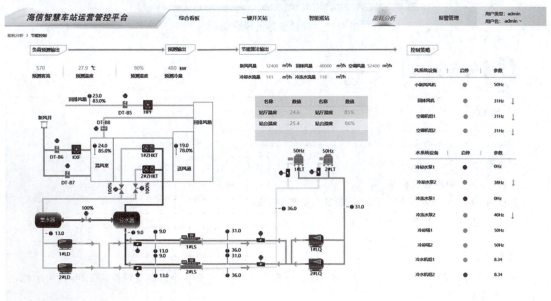

图 7-15　能耗分析界面

5. 乘客信息服务功能

全站式乘客信息出行服务，根据乘客在站内的行走路径，在不同的位置为乘客发布不同的出行信息，节省乘客出行时间（图 7-16 和图 7-17）。

157

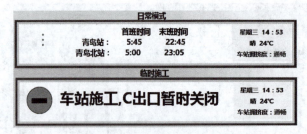

图 7-16　乘客信息出行服务(一)

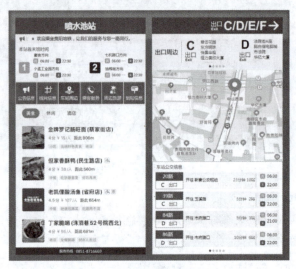

图 7-17　乘客信息出行服务(二)

【任务实施】

1. 任务地点
校内实训室

2. 任务要求
任务名称:你心中的智慧车站。
任务目的:通过所学知识及调研学习,设计一座智慧车站。
任务内容:设计一座智慧车站

3. 任务分组
本任务采用分组方式进行,4~6人为一组,每个小组选出组长,负责本小组的组织协调工作,带头示范、督促、帮助其他组员完成相应工作

4. 任务步骤
(1)调查现有智慧车站的情况。
(2)分析智慧车站运用到的智能技术。
(3)设计一座智慧车站

续表

5. 任务反思

(1)通过任务实施,学到的新知识点有哪些?

(2)通过任务实施,掌握的新技能点有哪些?

(3)你对自己在本次任务中的表现是否满意?写出课后反思

【任务评价】

序号	评价项目	评价内容	分值	学员互评(40%)	教师评价(60%)
1	专业能力(70分)	能站在城市轨道交通工作者的角度,为乘客的智慧出行建设提出建议	15		
2		能对智慧车站建设提出创新意见	15		
3		了解智慧车站定义	10		
4		了解智慧车站构架	10		
5		了解智慧车站功能	10		
6		对已建成智慧车站的评价	10		
7	职业素养(30分)	责任意识强、工作态度端正	5		
8		团队合作意识、互相协作良好	10		
9		扎实严谨的工作作风	5		
10		精益求精的工匠精神	10		
		得分	100		
姓名		学号		总得分	评价人

【题目评价】

二维码能够链接精品课程平台,让学生在平台完成题库作业

【增值评价】

1.

2.

任务 7.2　调查智慧运维发展现状

【任务导入】

辩证地思考一下，在智能运维的发展中，作为轨道交通工作人员，我们应该如何提升自己的能力。

【学习目标】

素质目标：
1. 培养高端化思维。
2. 培养智能化思维。
3. 培养推动绿色发展、促进人与自然和谐共生的绿色化思维。

知识目标：
1. 了解智慧运维的定义。
2. 了解智慧运维的发展。
3. 了解深圳城市轨道交通智慧运维系统建设。

能力目标：
能说出智慧运维系统的数据传输方向。

【任务描述】

智慧运维利用物联网、云平台、大数据、人工智能等技术，深化工务、电务、供电生产检测数据的综合分析，建立一套台账管理、数据分析和维修决策的基础设施综合管理分析系统，实现基础设施的安全状态实时掌控、提高辅助决策管理效率、节约基础设施运营成本、提高人员工作效率与质量，使轨道交通运维更安全、更经济。

【任务分析】

知识点一　智慧运维系统简介

智慧运维系统是实现城市轨道交通系统设备"状态修"和全生命周期管理的系统。该系统打造了行车监控一张网，使车辆的"计划修"转向"状态修"，可实时监测列车故障信息状态数据及各系统关键参数，将车辆应急响应效率提升了 80%，检修人员配置降低 10%，全生命周期维保成本节约 10%。

智慧运维系统建立地铁运营智能化感知体系，实现一线维修设备状态诊断评估自动化，最终实现基于健康管理的高水平的"状态修"。建立智能化、集中化的作业流水线，实现二线维修的自动化生产（图 7-18）。

图 7-18 智慧运维系统

知识点二　智慧运维系统发展

随着现代电子信息技术发展，轨道交通面临的许多普遍问题得以迎刃而解。在新技术的发展趋势下，各个城市的轨道运营企业力求通过大数据、云计算、人工智能、移动互联网等手段打造安全可靠、资源融合、兼容开放、多业务承载的"智慧城铁"。

2015年云计算和大数据技术进入技术成熟期，为智慧运维的发展奠定了基础；

2017年混合云技术进入成熟期之后，为智慧运维的数据存储和数据分析提供技术条件；

2018年发布5G频段之后，为智慧运维提供了良好的通信条件；

2019年至今，智慧运维成了各大城市轨道交通建设发展的方向，北京、上海、广州、宁波、南宁等城市地铁公司均对智慧运维进行建设与研究。

知识点三　深圳城市轨道交通智慧运维系统建设

深圳市地铁集团有限公司以机场站、深云站为试点，搭建具备融合"车站智慧服务、智慧车站管理、设备智慧运维、车站智慧巡检"等功能的智慧车站数字平台（图 7-19）。

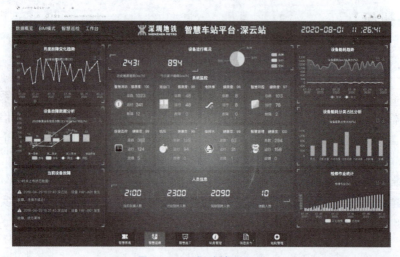

图 7-19　深圳地铁深云站

智慧运维平台是智慧车站的核心版块,通过搭建以 EAM 系统为核心的智慧应用群,该版块可实现各专业数据互联互通和业务主动关联(图 7-20)。

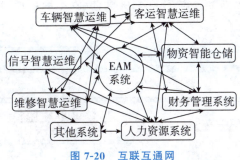

图 7-20　互联互通网

1. 总体框架

深圳地铁车辆智慧运维平台总体框架包括智慧系统、车地无线传输系统、智慧运维系统三大版块。总体框架如图 7-21 所示。

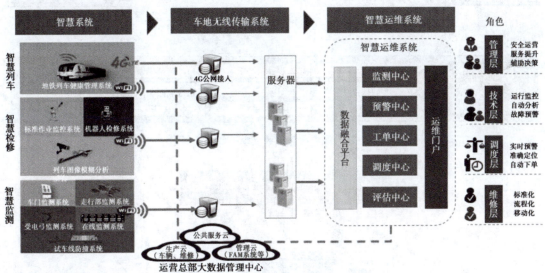

图 7-21　深圳地铁车辆智慧运维平台总体框架

2. 技术架构

深圳地铁智慧运维平台技术架构分为三级(图 7-22):就地级平台负责各专业系统数据采集与发送至中心级平台系统;中心级智慧运维平台负责智慧运维专业研究及应用建设;集团级智慧运维平台实现存储层采用数据中心进行大数据统一存储、集中管控。

【拓展阅读】

H 站于 2005 年 12 月 24 日正式开工建设,2008 年 8 月 1 日正式开通运营。2011 年 11 月 21 日,正式独立运营。H 站代表着我国乃至世界火车站的发展前沿,是一个高度现代化的铁路客运站,在我国高速铁路客运站之中具有极高的代表性。车站占地面积为 49.92 万平方米,建筑面积为 31 万平方米。车站主站房分五层:高架层为候车大厅,南北长 350 m,东西宽 190 m,高 40 m,建筑面积为 5.6 万平方米;平面层为站台层,设有 24 条股道、24 个站台,分普速场(1~5 站台)、高速场(6~17 站台)和京津城际场(18~24 站台)。地下一层为旅客换乘大厅,建筑面积为3.68万平方米(包括地铁换乘区面积5 800 m²)(图7-23)。地下一层主要设施包括铁路出站口、地铁换乘区、公交换乘、出租车客运站台,实现旅客列车、地铁、公交、出租车零距离换乘。目前车站客流约每日上车、抵达共计25万人次,高峰日最大客流量可达40万人次以上。

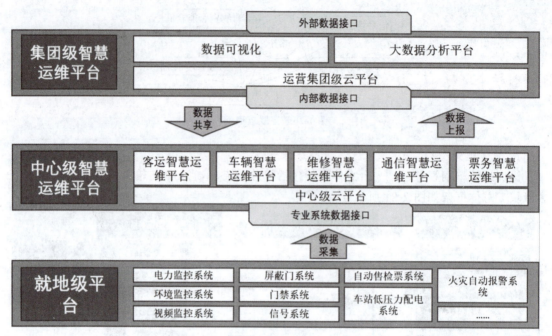

图7-22 深圳地铁智慧运维平台总体架构

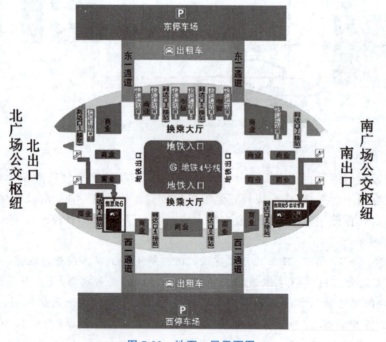

图7-23 地下一层平面图

H车站有行政科室10个，分别是办公室、党委办公室、综合治理办公室、安全技术科等；现有车间9个，分别是客运车间、售票车间、运转车间、综合车间、设备检修车间、信息化车间、上水车间、经营开发部、安全生产和调度指挥中心。车站现有领导班子9人，其中，行政领导6人，党群领导3人。现有行政干部133人，一线岗位专业技术干部14人，党群干部17人。截至目前，车站共有干部职工882人，其中干部164名，职工718名（含劳务工320名）。

　　以H站为例，车站配有自动售票机、自动检票闸机、LED电子显示屏、真空泵、直饮水机、直扶梯等各类先进的硬件设施，结合日渐完善的消防系统FHS、智能照明系统I—BUS、通风采暖及动力设备监控系统BHS、污水源热泵系统等，再加上高铁自身完备的信息传输系统，为H站优质的服务质量打下了良好的设备设施基础。然而随着车站客流量的不断增加，这就对车站的设备设施管理水平带来了挑战，对设备设施突发故障的应急处理也提出了更高的要求。

　　全站共有安检查危仪40台。设有6个人工售票处，共50个售票窗口；8个自动售票区，共100台自动售（取）票机。自动检票闸机181台，其中进站闸机94台。LED电子显示屏共268块，静态灯箱476块，其中落地指示牌21块。车站共有扶梯114部，其中在用的客运电梯107部（包括扶梯77部、直梯30部），在用的办公直梯3部，封停直梯4部，扶梯主要分布于南北进口和普速场、京沪场、京津场的进出站，直梯主要分布于南北交通2～23站台进出站、地下车库及办公楼等处。

　　请同学们认真阅读以上资料，互相讨论后回答以下问题：
1. 说出H站哪些方面运用到了智能技术。
2. 分析移动互联网时代对H站的影响和要求。

【任务实施】

1. 任务地点 校内实训室
2. 任务要求 任务名称:调查对比我国城市智慧运维系统发展建设现状。 任务目的:调查对比我国城市智慧运维系统发展建设现状,加强对智慧运维的了解。 任务内容:调查对比我国城市智慧运维系统发展建设现状,并完成调查报告
3. 任务分组 本任务采用分组方式进行,4~6人为一组,每个小组选出组长,负责本小组的组织协调工作,带头示范、督促、帮助其他组员完成相应工作
4. 任务步骤 (1)调查对比我国城市智慧运维系统发展建设现状。 (2)分析我国城市智慧运维系统的优缺点。 (3)完成调查报告
5. 任务反思 (1)通过任务实施,学到的新知识点有哪些?   (2)通过任务实施,掌握的新技能点有哪些?   (3)你对自己在本次任务中的表现是否满意?写出课后反思。

【任务评价】

序号	评价项目	评价内容	分值	学员互评（40%）	教师评价（60%）
1	专业能力（70分)	能说出智慧运维系统的数据传输方向	20		
2		了解智慧运维的定义	20		
3		了解智慧运维的发展	20		
4		了解深圳城市轨道交通智慧运维系统建设	10		
5	职业素养（30分）	培养学生高端化思维	10		
6		培养学生智能化思维	10		
7		培养学生绿色化思维	10		
		得分	100		
姓名		学号	总得分		评价人

【题目评价】

二维码能够链接精品课程平台,让学生在平台完成题库作业

【增值评价】

1.

2.

参 考 文 献

[1] 章宇,袁芳. 城市轨道交通运营管理[M]. 北京:中国铁道出版社,2019.
[2] 曾韵,杨晓婷. 城市轨道交通安全管理体系构建与实践[J]. 中国安全生产科学技术,2020,16(7):162－166.
[3] 顾江,王云云. 城市轨道交通票务管理研究[J]. 中国城市轨道交通,2018,31(9):83－88.
[4] 杨立刚,郝瑞. 城市轨道交通客运服务质量评价与提升[J]. 中国铁道科学,2021,42(6):93－99.
[5] 赵文凯,李伟. 城市轨道交通行车组织与调度研究[J]. 交通科技与经济,2017,37(4):62－66.
[6] 谢小云,陈宇. 城市轨道交通经济发展模式研究[J]. 城市轨道交通研究与发展,2022,39(1):45－52.
[7] 刘明,张瑶. 智慧地铁建设与运营管理研究[J]. 铁道标准设计,2019,42(2):56－61.